COMMENTAIRES ET HUMEURS
Billets, éditoriaux, critiques, pamphlets, chroniques, échos...

En mémoire
de Michel Voirol

Le Centre de formation et de perfectionnement des journalistes (CFPJ) est situé rue du Louvre, à Paris, au cœur du quartier de la presse. Il a été fondé en 1946, pour former des jeunes au métier de journaliste. Accueillant des étudiants et des stagiaires français mais aussi étrangers, il est organisé en trois grands départements.

● Le *Centre de formation des journalistes* (CFJ) qui assure la formation première. Plus de 1 500 jeunes y ont fait leurs études : nombre d'entre eux occupent maintenant des postes importants dans les journaux, les agences de presse, à la radio, à la télévision.

La formation permanente est assurée par :

● le *Centre de perfectionnement des journalistes et des cadres de la presse* (CPJ) créé en 1969, où des journalistes et des techniciens des entreprises de presse peuvent venir suivre des stages et des cours pour se perfectionner dans leur métier et se tenir au courant des techniques nouvelles. Environ 2 500 stagiaires se forment au CPJ chaque année ;

● le *Centre d'information sur les médias* (CIM) qui organise des stages pour les personnels des entreprises industrielles et commerciales, des administrations, des associations, des syndicats, qui veulent se familiariser avec la presse et apprendre à mieux communiquer. Ce sont plus de 2 500 personnes qui s'inscrivent chaque année aux stages et aux cours du CIM.

Pour réaliser sa mission le CFPJ est équipé de trois studios radio, de deux studios de télévision couleur, d'une salle de rédaction télématique, de cinq salles de micro-informatique et d'un système rédactionnel informatisé.

Pour tout renseignement :
Centre de formation et de perfectionnement des journalistes,
33, rue du Louvre, 75002 Paris. Tél. : (1) 44 82 20 00.

Éditions du Centre de formation et de perfectionnement des journalistes
29, rue du Louvre, 75002 Paris

Commentaires et humeurs

Billets, éditoriaux, critiques, pamphlets, chroniques, échos...

Henri Montant

LES GUIDES DU CENTRE DE FORMATION
ET DE PERFECTIONNEMENT DES JOURNALISTES

Dans la même collection

1. Guide des sources d'information
2. Communiquer avec la presse écrite et audiovisuelle
3. Guide de la rédaction
4. Barbarisme et compagnie
5. Anglicismes et anglomanie
6. Abrégé du Code typographique à l'usage de la presse
7. Abrégé du droit de la presse
8. La critique des spectacles
9. Libertés et responsabilités des journalistes et des auteurs
10. Précis de mise en page
11. Le reportage radio et télé
12. L'interview à la télévision
13. Comprendre la vie municipale pour mieux en rendre compte
14. Le droit à la formation permanente dans la presse
15. Guide de la télématique
16. Ce que tout pigiste doit savoir
17. Le journal municipal
18. Comment créer et animer une publication
19. Organiser sa documentation et savoir consulter d'autres sources
20. Les sources d'information en Europe
21. La PAO. Pour bien choisir matériels et logiciels
22. Concevoir et produire un document audiovisuel
23. Le journal d'entreprise
24. Gérer la fabrication d'un journal
25. Radio locale, mode d'emploi
26. Lexique des termes de presse
27. Le vocabulaire de la ville expliqué et illustré
28. Connaître le Conseil général pour mieux en rendre compte
29. Connaître le Conseil régional pour mieux en rendre compte
30. Les droits et les devoirs du journaliste. Textes essentiels
31. Un point, c'est tout ! La ponctuation efficace
32. Les supports d'information dans l'entreprise
33. Publier une illustration, mode d'emploi
34. Le reportage écrit
35. Accords parfaits
36. Les sources de l'information scientifique et technique
37. La prononciation des langues européennes
38. L'infographie de presse
39. Commentaires et humeurs
40. Mieux connaître ses lecteurs
41. La vente au numéro
42. Vade-mecum des droits de réponse

Ouvrages non numérotés

Utiliser la presse à l'école, 55 F
Utiliser la presse au collège et au lycée, 55 F
Faire son journal au lycée et au collège, 48 F
Le reportage vidéo au collège et au lycée, 70 F
Guide du correspondant local, 30 F

Sommaire

Tous les exemples qui figurent dans cet ouvrage ont été choisis pour leur construction et leur style, et pas forcément pour les idées qui y sont exprimées. Il est clair, en effet, que nous ne prenons pas à notre compte les opinions, jugements et critiques de leurs auteurs.

Avant-propos

Avertissement sans frais

Dans les bonnes écoles, comme le Centre de formation des journalistes, les bons maîtres distinguent sans difficultés les genres rédactionnels, qu'ils classent dans deux familles aussi ennemies que les Capulet et les Montaigu : le genre informatif et le genre du commentaire. Et qui, tels les familles de Roméo et Juliette, ne peuvent pas se passer les uns des autres.

Dans le premier groupe, on trouve évidemment le desk (brèves, filets, moutures), les comptes rendus, les interviews questions-réponses, voire les interviews-portraits, les reportages et les enquêtes. Dans le deuxième, au rayon commentaire, nous allons classer les échos, les billets, les éditoriaux, les critiques et chroniques en tous genres.

Apaisante pour l'esprit et la tranquillité des pédagogues, cette classification, comme toute tentative de gendarmer les œuvres de l'esprit en les faisant marcher au pas, est peu satisfaisante. On en devine l'utilité : séparer le fait du commentaire. Pour la presse anglo-saxonne, les faits sont sacrés et les commentaires libres. Sous-entendu : ne mélangeons pas les genres. Et il est vrai qu'il est toujours possible, par un artifice typographique, de distinguer la réalité d'un événement de son interprétation. Ce distinguo est même souhaitable, afin que le lecteur puisse d'un seul coup d'œil séparer le bon grain informatif de l'ivraie commentée. Mais il est cependant un tantinet artificiel. Le fondateur du *Monde,* Hubert Beuve-Méry le savait, qui disait en substance : *« Il n'y a pas d'objectivité, il n'y a qu'une subjectivité désintéressée. »*

Sage réflexion : lors de la rédaction d'un compte rendu ou d'une interview, la subjectivité du rédacteur transparaîtra dans la mise en valeur des informations et le classement des réponses. De même et *a fortiori,* un bon portrait, à cheval entre Picasso et Hopper, entre la déformation surréaliste et la photo réaliste, sera forcément impressionniste, flou, du genre Monet, et trahira donc l'émotion de son auteur. Et que dire d'un reportage où la sensibilité frémissante du journaliste transfigure la banalité des faits ! Et de l'enquête, donc, où Rouletabille fouille, fouaille, fouine, révèle, illustre la complexité d'un problème, tel le limier guettant le cerf, au point de confondre parfois son métier avec celui du policier ! (ce qui est très vilain, mais aussi très utile, le monde étant ce qu'il est).

On comprendra que la distinction entre information et commentaire est légèrement artificielle, même si le lecteur paie pour y avoir droit et faire lui-même sa religion en lisant son journal. D'ailleurs, le journaliste, en dernier recours, garde la possibilité technique d'orienter le choix du lecteur par la seule mise en épingle d'un fait à la une ou son enterrement dans les brèves des pages intérieures, entre la météo et le sport. Il reste que les genres de commentaires existent bel et bien, comme nous allons tenter de vous le prouver, en toute mauvaise foi !

CHAPITRE PREMIER

Je vous fiche mon billet

Le billet est un genre en péril. Naguère, du début au milieu de ce siècle, tous les quotidiens s'offraient les services d'un billettiste. Ce brave homme, dans la quiétude de son bureau avant l'invention du marteau-piqueur et du Macintosh, marchait en long et en large à la recherche d'une idée. Le billet a quasiment disparu, souvent remplacé, comme au *Monde,* où Robert Escarpit lui avait donné ses lettres de noblesse, par un dessin humoristique. Conscient de cette lacune, *Le Monde* a récemment redonné vie à son fameux « Au jour le jour ». Certains journaux, tel *Le Figaro,* ont additionné les plaisirs puisque le dessinateur Faizant cousine avec le billettiste Frossard, prouvant ainsi qu'abondance de biens ne nuit pas toujours. De nombreux titres de la presse quotidienne de province ont conservé le billet qui est toujours l'article (court) sur lequel le lecteur se jette en priorité.

Comment reconnaître un billet

Le billet est toujours placé en première ou en dernière page, dans un encadré, puisqu'il est le café matinal du lecteur ensommeillé. C'est un article bref, d'une vingtaine de lignes, dont le but est de faire sourire ou réfléchir le lecteur sur un événement d'actualité. Comme le poisson, le billet ne supporte pas les injures du temps et doit être consommé immédiatement, puisqu'il ne peut plus être compris lorsque la connaissance des faits s'estompe. Faites l'expérience : lisez un vieux billet des années 70 ou 80. Dans la plupart des cas, vous ne verrez pas à quoi il est fait allusion*.

▶ page 16

* Faites cette expérience en lisant les billets — dont certains sont anciens — que nous publions, à titre d'exemples, en pages 12, 13, 14 et 15.

QUELQUES EXEMPLES DE BILLETS

PHILIPPE BOUVARD

GUERRE ET PAIX

Il entre dans la grande réconciliation entre Israéliens et Palestiniens (survenue au moment précis où une statistique situe dans la bande de Gaza le record mondial de la fécondité) autant d'inquiétude que d'espoir, autant de fatalisme que d'enthousiasme, autant d'impudeur que de courage.

On assiste à l'événement, éperdu d'admiration pour les artisans de la paix, plein de tristesse pour les innombrables martyrs tombés depuis un demi-siècle dans les deux camps.

C'est la cruelle et éternelle loi du genre. Lorsqu'une guerre se termine, ceux qui sont morts au combat ont toujours l'air d'avoir manqué de patience.

AU JOUR LE JOUR

DÉVOTS

Inutile de vouloir lutter avec les Japonais, ces rois de la technologie qui entrent à l'usine comme on entre en religion et font du travail un sacerdoce. Mieux vaut exporter chez eux nos spécialités bien françaises : le ministère du temps libre, la grève du zèle, la réduction du temps de travail et les cinq semaines de congés, c'est-à-dire notre art de vivre.

Car, si les Japonais travaillent moins, nous vivrons mieux...

HENRI MONTANT.

BILLET

Logique

L'ANNÉE 1986, désignée par l'O.N.U. « année internationale de la paix », s'achève sur une note optimiste : les dépenses mondiales en armements s'élèvent à 900 milliards de dollars. Tous les records sont battus !

« Si vis pacem, para bellum », dit le proverbe. Il faut donc louer le zèle des terriens qui consacrent un million de dollars chaque minute à la préparation de la guerre parce qu'ils veulent la paix à tout prix.

Cette politique, dont la sagesse n'échappe à aucun marchand d'armes - si les affamés ont du mal à la comprendre - pourrait porter le nom d'un grand ancêtre de ce genre de logique : c'était un brave homme qui, de peur d'être mouillé par la pluie, s'était jeté dans la rivière. Il s'appelait Gribouille.

Henri MONTANT

CAVALIER SEUL

Idée

EN Corse, les Canadair ont combattu vaillamment, et souvent victorieusement, les incendies de forêt allumés par la malveillance et multipliés par le vent.

Cela donne à réfléchir. On se demande pourquoi, au lieu d'envoyer les Canadair quand le feu s'est déclaré, on ne les envoie pas avant pour l'empêcher de prendre, et décourager les pyromanes.

Naturellement, cette idée fera sourire les personnes sensées ; mais vous savez ce que c'est, on rentre de vacances exténué, et l'on commence à poser des questions idiotes, soit dit sans aucune allusion au référendum.

André FROSSARD.

AU JOUR LE JOUR

Facture

Le Canada aura dépensé 10 millions de dollars pour que les sept chefs d'Etat et de gouvernement occidentaux présents à Ottawa aient l'occasion de faire connaissance ou de mieux s'apprécier, ce qui, pour chacun d'entre eux, met la poignée de main à 233 333 dollars.

Ce chiffre peut paraître élevé : il est négligeable à côté de ce que coûte, par exemple, l'absence de poignée de main entre M. Begin et M. Arafat...

HENRI MONTANT.

Le plan syllogistique du billet en trois phrases est illustré ici par quelques billets de Philippe Bouvard : « Guerre et paix » (*France-Soir* du 14/9/1993), d'André Frossard « Idées » (*Le Figaro* du 8/9/1992) et Henri Montant « Facture » (*Le Monde* du 23/7/1985), « Dévôts » (*Le Monde* du 15/8/1992), ou « Logique » (*Le Courrier picard* du 25/11/1986.

Autre billets bâtis en fonction de la chute : « Votes » d'André Frossard (*Le Figaro* du 18/5/1993), et « Débats » de Bruno Frappat (*Le Monde* du 4/11/1983).

CAVALIER SEUL

Votes

CHOSE curieuse, les Serbes ont voté serbe et l'on a entendu dire que les Bosniaques ne votaient pas croate, Serbes, Bosniaques et Croates se montrant peu disposés à voter anglais, pour un plan de découpage qui leur propose pourtant plus de couloirs que le métro parisien. Vous avouerez que le suffrage universel est bien difficile à satisfaire.

Quant aux Danois, ils vont être consultés une deuxième fois, et il en ira de même jusqu'à ce qu'ils votent oui, le seul mot que les gouvernements aiment à entendre. Mais ils acquiesceront peut-être aujourd'hui : on leur a certifié en effet que leur traité de Maastricht ne serait pas le même que le nôtre et que la petite sirène de Copenhague l'approuverait sûrement, tant il y a de chances pour qu'il finisse chez eux en queue de poisson.

André FROSSARD

AU JOUR LE JOUR

Débats

Les députés français ont consacré quelques minutes de leur précieux temps, mercredi, à la désormais fameuse émission de télévision « Psy-show ». Un membre de l'opposition, M. Cousté, a mis le feu aux poudres en tonnant contre le caractère « déplacé et scandaleux » *de cette émission où l'on invite des couples à exposer leurs difficultés sexuelles.*

C'est au secrétaire d'État chargé... des techniques de la communication qu'il revint de défendre l'attitude du pouvoir dans cette grave affaire. Il monta sur ses grands chevaux, insensible au chahut, aux rires ambigus qu'il déchaina, et affirma que « le monde nous envie notre télévision ». *On se demande si certains ébats de l'Assemblée nationale ne donneraient pas, eux aussi, matière à un épisode de « Psy-show ».*

BRUNO FRAPPAT.

AU JOUR LE JOUR

Viveur

Ce malappris nous parle d'amour avec des mots de croquants

Ce mal embouché pardonne au voleur et engueule la maréchaussée.

Ce malotru lutine les grisettes et régale les copains.

Mais, cette fois, ce con va trop loin : soixante ans, Georges, c'est un peu jeune pour passer sa mort en vacances, sur la plage de Sète...

Sauf le respect que l'on te doit !

HENRI MONTANT.

AU JOUR LE JOUR

AUTONÉGATION ?

L'opposition antigaulliste de Colombey - les - deux - Eglises double d'un coup ses effectifs. Il n'y avait dans cette commune qu'un « non » solitaire aux référendums antérieurs. A celui-ci il y en a deux.

Des esprits irrévérencieux suggéraient que le non était celui de Mme de Gaulle, car seul l'esprit féminin de contradiction pouvait expliquer pareille désobéissance à la bonne doctrine. Que signifie alors cette brusque duplication ?

Ne serait-ce pas le chef de l'Etat qui a rejoint sur lui-même l'opinion qu'on attribue à sa femme ? Pour éviter ainsi la vulgarité du oui trop facile et, jetant sur sa création un regard impitoyable, s'arroger le privilège divin d'être à soi-même sa propre négation ?

ROBERT ESCARPIT.

CAVALIER SEUL

Pensée

La sortie du film « Germinal » a permis au chanteur Renaud d'exprimer à la télévision une pensée forte sur l'ancien régime polonais : c'était, dit-il, un régime totalitaire, mais il n'y avait pas de chômeurs.

Il n'y a pas de chômeurs non plus à Fleury-Mérogis. Pourtant, on voit peu d'anciens pensionnaires regretter cet établissement.

Vous avouerez que les hommes sont bizarres, il y en a qui font de la liberté le premier de tous les biens. Tous ? Oui, tous. Même avec ses aléas ?

Oui, même. Sans doute en est-il de la liberté comme du bonheur : pour l'apprécier, il faut l'avoir perdue.

André FROSSARD

Il est également possible de saluer le départ de Brassens en employant les mots imagés de son propre vocabulaire « Viveur » (*Le Monde* du 2/11/1981).

« Pensée » d'André Frossard (*Le Figaro* du 28/9/1993), et « Autonégation » de Robert Escarpit (*Le Monde* du 10/4/1962), illustrent la nécessité de rappeler, en début de billet, les informations dont le lecteur a besoin s'il veut apprécier le sel de la chute.

► Le billet ne doit pas être confondu avec un éditorial, même s'il remplace avantageusement le verbiage d'un long commentaire. (Ce qui explique sa mise en sommeil puisque les éditorialistes sont parfois aussi les directeurs des rédactions !) Autre confusion possible : avec l'écho, lequel devrait toujours faire partie d'une rubrique, comme les minimares du *Canard Enchaîné*. Le billet est seul. Et sa fabrication est malaisée puisque la présence d'une chute est impérative, alors qu'elle est facultative dans l'écho ou l'édito.

Le billet, sa vie, son œuvre

Pour trouver une idée de billet, il faut avoir l'esprit mal tourné. Tous les bons esprits sains et carrés, qui appellent un chat un chat et x (mettez le nom de votre choix) un fripon, se heurtent à la difficulté du genre. Il n'existe donc pas de recette infaillible.

La magie d'un billet provient de la chute. On ne peut pas se lancer dans l'écriture d'un billet si l'on n'a pas au préalable trouvé l'idée de la chute. Il s'agit par exemple d'un déclic, d'un sourire intérieur, qui éclaire l'esprit à la lecture d'une dépêche, à l'audition d'une nouvelle, à la vue d'un flash télé. Le billettiste est un individu réceptif, soit très naïf, soit très roué, dont le néocortex est développé, et chez qui naîtront les associations d'idées. C'est en effet par le rapprochement indu d'idées *a priori* sans rapport que naîtra la chute.

Exemple : en 1971, un incendie cause la mort d'une centaine de jeunes gens dans un dancing de Saint-Laurent-du-Pont, en Isère. Toute la presse titre sur le « bal tragique ». Dans la même semaine, le général De Gaulle meurt à Colombey-les-deux-Églises. En rapprochant ces deux informations morganatiques et peu réjouissantes, l'hebdomadaire satirique *Hara-Kiri Hebdo* trouvera une chute célèbre, résumée dans ce titre : « Bal tragique à Colombey : un mort ». Il en sera d'ailleurs justement puni puisque le ministre de l'Intérieur de l'époque le fera interdire. Mais la chute reste belle, techniquement parlant.

Que des esprits aussi mal famés que la bande à Cavanna aient imaginé ce titre ne surprendra personne. Elle a pourtant surpris les autorités. Car un billet doit forcément surprendre. Si le lecteur du billet peut deviner lui-même la chute, c'est raté.

Une fois la chute trouvée, le billet se pense et s'écrit à l'envers. Comme dans un syllogisme, il s'agit d'amener rapidement le lecteur à la chute, qui sera insolite, paradoxale et, si possible, drôlatique. C'est pourquoi le bon billet sera court et l'on prendra soin d'élaguer tout ce qui pourrait distraire le lecteur en l'empêchant d'apprécier la chute.

La construction idéale est celle-ci : une première phrase rappelle brièvement une information économique de premier plan : *Tout ce qui est bon marché est rare*. Une seconde donne une autre information de bon sens : *Ce qui est rare est cher !* La troisième, d'une logique inattaquable, rapproche les deux précédentes et sert de chute inattendue : *Donc, tout ce qui est bon marché est cher.*

L'abus d'informations risquant d'égarer le lecteur, le bon billet est un exercice de sobriété. De même, on évitera les chutes à double tiroir dont les effets, loin de se renforcer, s'annulent : *Ce qui est bon marché est cher, comme on dit dans ce grand magasin où les soldes restent hors de prix.*

Objet manufacturé, le billet se polit amoureusement pendant des heures. On le réécrit plusieurs fois en cherchant le terme le plus juste, en ôtant l'adjectif inutile, en lustrant le parcours de lecture pour mieux faire briller la chute. Un billet n'est jamais complètement terminé. Ceux qui ont l'esprit de l'escalier trouvent parfois la chute idéale quand tournent les rotatives. Trop tard ! Ils feront mieux la prochaine fois. Conseillons-leur d'en rédiger deux ou trois, avec des chutes différentes. Le rédacteur en chef (dont c'est le métier) choisira le meilleur. Dernier conseil : le titre d'un billet est un mot, un seul. Sans rapport avec la chute : n'allez surtout pas vendre la mèche !

CHAPITRE II

La bonne humeur est massacrante

L'humeur est un article volontairement agressif, où l'auteur n'hésite pas à engager sa responsabilité. Les sujets des humeurs courent les rues, du quotidien massacre en Bosnie au pétillant Tchernobyl. L'actualité nous donne tous les jours trop d'occasions d'exercer les vocations aux humeurs. Encore faut-il manier ce genre avec précautions, car il est source de polémiques, voire de procès.

Les mauvaises humeurs

Comme tous les mets délicats à cuisiner, l'humeur ne supporte pas l'amateurisme. Le journaliste qu'un événement indigne ou qu'un escroc agace ne doit jamais perdre de vue le Code pénal et tomber dans l'injure ou la diffamation. Trop d'humeurs ne sont (pas de noms, SVP !) que des règlements de compte personnels qui font plus de tort à l'insulteur qu'à l'insulté. On évitera donc soigneusement les plaidoyers *pro domo*. De telles humeurs étaient fréquentes dans la presse politique de l'entre-deux-guerres. Les journalistes n'hésitaient pas à régler son compte à l'ennemi intime des colonnes concurrentes. Lequel aiguisait sa plus belle plume d'oie pour répliquer, le lendemain, en prenant à témoin le lecteur qui n'en pouvait mais.

La mauvaise humeur des hypocondriaques prend souvent racine dans les mille et un désagréments de la vie quotidienne. L'auteur en profite pour tirer à vue sur tous ceux que leur fonction met à l'abri des sanctions du marché. Le lecteur, confronté aux mêmes rebuffades d'un préposé aux Postes ou d'un contrôleur de la SNCF, se trouve vengé par la plume de son humoreux « favori ». Un seul ennui : le fonctionnaire est un lampiste ▶ page 25

QUELQUES EXEMPLES D'HUMEURS

papier : gras

Il y a eu l'âge de la Pierre. Il y a eu l'âge du Bronze. Il y a eu l'âge du Fer. Il y a maintenant l'âge de l'Emballage. Ou l'âge du Papier, c'est pareil.

D'abord, on ne dit pas « emballage », gros épais ! On dit « conditionnement ». Y a même un Salon du.

Faut séduire. Faut flatter. Faut faire riche. Faut vendre.

Les margoulins qui façonnent notre vie ont trouvé cette astuce : la marchandise n'est rien. Ce qui compte, c'est le papier autour. Quand on pense que des jeunes étudient la psychologie, la sociologie, l'esthétique et des tas de trucs calés pour en arriver à mettre au point le projectile qui violera l'intimité subconsciente de tout un chacun et le conduira o-bli-ga-toi-re-ment à acheter les nouilles Duschpaf, on reste rêveur. Freud et Pavlov n'avaient pas prévu. Freud et Pavlov étaient des cons. S'ils avaient mis leur science au service des nouilles Duschpaf, là, oui, ils se seraient un peu bourré les poches.

Quand j'étais môme, les gaufrettes, elles se vendaient en vrac. Elles étaient dans des grandes boîtes en fer blanc, il y en avait des tas de sortes, des jaunes, des roses, des à la confiture, des avec des devinettes, des en forme de petit poissons, plein. C'était chouette. La marchande prenait un sac en papier, je lui disais : un peu de celles-là, et puis de celles-là, et aussi de celles-là...

Qu'est-ce qu'on était barbares, dans ce temps-là ! Et sales. Vous vous rendez compte, cette salope, avec ses doigts qu'elle avait peut-être touché son furoncle ! J'ai honte, rétrospectivement.

Les gaufrettes de maintenant, elles sont un peu mieux présentées, pardon ! D'abord, elles ne s'appellent plus gaufrettes. Gaufrettes, vous vous rendez compte ? Elles s'appellent « Sables d'or », ou « Fram'crack », ou « Crok-o-fruit », ou « Paillelinettes ». Elles sont dans du papier d'argent pour les tenir toujours délicieusement croustillantes, directement du four sur votre table, puis dans du papier siliconé super trois couches croisées indéformable pasteurisé en étuve pour décourager les microbes, puis dans du papier ondulé gaufré entièrement sans contact humain absolument insensible aux différences de température et d'humidité pour le cas où je voudrais aller manger mes crok-o-fruit dans la forêt congolaise, puis dans du papier couché une face cent quatre-vingts grammes au mètre carré des papeteries de la Renardière avec une jolie photo de framboises en couleurs qu'il leur manque que la parole tirée en quadrichromie offset à plat pour me faire baver de gourmandise dans le supermarché, puis dans une cellophane cristalline pour faire chier les mouches, lesquelles, alléchées elles-aussi, foncent tête baissée sur l'image de la photo et se font très mal, les connes.

Là, le client ne se sent pas pris pour un miteux. Qu'il est, justement. Il a pleine conscience de sa dignité d'homme. L'objet, on le lui magnifie. Le déballage est un rite. Quand il en arrive à la gaufrette, il est pénétré de respect. Emu. Qu'est-ce qu'on se donne comme mal pour lui plaire ! Il est quelqu'un, y'a pas.

Il se dit que le progrès est drôlement en marche. Il est optimiste. Il sait que, dans pas longtemps, même les patates se vendront conditionnées une par une, dans de jolies boîtes avec de la mousse de nylon dedans et du doré autour.

Et moi je pense à l'océan de papier. Je pense aux forêts qu'on rase, aux géants centenaires qui s'abattent, aux jeunes arbres qu'on ne tolère que pour en faire des boîtes, des étiquettes, des dépliants, des catalogues, à la nature saccagée, transformée en détritus qui s'accumulent en montagnes hideuses autour des villes, aux bêtes qui disparaissent...

Nous sommes de sacrés cochons.

Tout ce que nous savons faire, c'est tout saloper, tout détruire, comme si tout nous appartenait. Les hommes, quel fléau ! Notre civilisation, ce n'est pas par une bonne femme à poil, l'air inspiré, qu'il faut la symboliser. Ni par une faucille avec un marteau, ni par une croix, ni par un livre ou je ne sais quoi encore. Non. Ce qui la résume le mieux, c'est un désert semé de papiers gras, de cadavres de bagnoles et d'étrons secs. Et comme devise : un rot.

CAVANNA

*Cavanna, le père fondateur d'*Hara-Kiri *(1960), est un des meilleurs spécialistes des articles d'humeur. Dans cet exemple : « Papier gras », (*Hara-Kiri hebdo, *du 26/6/1969) il se déchaîne à propos des gaspillages de la société de consommation et ne craint pas d'utiliser des anecdotes personnelles en employant le* « Je »*. Notons au passage que la sensibilité de l'auteur n'exclut pas la lucidité puisque l'écologie, en 1960, était loin d'être à la mode.*

Sang tricolore

par Henri Montant

APRÈS les odeurs putrides, le sang impur ! On croirait le débat revenu aux temps glorieux des invasions teutonnes, quand les chansons populaires invitaient les mères de famille à ne pas donner leur lait au fils d'un Allemand : *« Ma mamelle est françai-ai-se... »* Il y a donc un sang tricolore, hérité de papa-maman, tricoté amoureusement à la veillée des chaumières, devant un verre de rouge. C'est émouvant. Pétain disait que *« la terre ne ment pas »*. Giscard ajoute que bon sang ne saurait mentir.

Cette anémie de la pensée politique, repérée par le Dr Le Pen-Diafoirus, est en train de gagner tous les partis. Le Front national a réussi sa transfusion. Pour éviter les saignées électorales attendues, les hommes politiques multiplient les coups de sang. La France est un gigantesque Café du Commerce où chacun essaye de « parler popu » montrant au passage à quel point il méprise le petit peuble des bistrots. Mais attention : du sang qui fonde la nationalité à celui qui génère le racisme, la frontière est étroite.

Les bons esprits du Siècle des Lumières ont prouvé que les hommes étaient égaux à la naissance, quelles que soient la couleur ou l'odeur de leur sang. On pensait, à l'époque, que les Rouges, les Jaunes, les Noirs ou les Blancs étaient également propriétaires de la même planète. Ces lubies mondialistes s'effacent désormais devant le retour de l'esprit de clocher. Dont on sait où il mène : à verser son sang en Serbie et en Croatie...

Au fait, existe-t-il des bons et des mauvais crus dans le sang français ? Un sang auvergnat, léger et pétillant ? Un sang breton, lourd et épais ? Attendons avec confiance les nouvelles embolies de nos penseurs dont les caillots sémantiques abreuveront nos sillons.

▶ **Henri Montant est journaliste.**

Autre exemple : « Sang tricolore » (Le Monde *du 3/10/1991), qui permet de relativiser la gravité de certains débats d'actualité, en l'occurrence le Code de la nationalité.*

Josée Doyère, dans un Monde *encore plus récent (28 septembre 1993), utilise une anecdote personnelle, la rencontre d'un chauffeur de taxi, pour faire réfléchir ses lecteurs au problème du chômage. Ce genre de témoignage, traité en « humeur », est souvent aussi plus parlant et plus efficace qu'une longue enquête.*

HUMEUR • par Josée Doyère

Les vieillards de quarante-cinq ans

J'ai conservé le souvenir d'une anecdote historique qui me faisait bien rire, au temps lointain de mon adolescence. Le roi Louis XV, encore jeune, arrière-petit-fils de son prédécesseur, le Roi-Soleil, craignait tellement une fin prématurée que, dans les villages qu'il visitait, il se faisait montrer les « *vieillards de quarante-cinq ans* »... Depuis la Seconde Guerre mondiale, l'espérance de vie n'a cessé de croître, dans le beau pays de France, et la longévité, grâce aux conquêtes médicales, à une meilleure hygiène de vie, se vit de plus en plus agréable et dynamique... en général tout au moins. (...)

Parfois, pourtant, j'ai l'impression de vivre au XVIIIe siècle. L'autre jour, au volant du taxi que j'avais hélé, j'ai découvert un chauffeur aux tempes légèrement argentées, costume trois pièces impeccable bien qu'un peu fatigué, mains soignées, élocution aisée et français irréprochable. A ma première question, anodine, il a répondu laconiquement qu'il faisait ce métier depuis dix-huit mois.

Quant au métier qu'il exerçait avant, c'est avec un petit rire teinté d'une légère amertume qu'il m'a confié : « *ne riez pas. J'étais directeur commercial d'une firme assez importante. On m'a viré, il y a deux ans et demi, et je n'ai pas été assez gourmand pour l'indemnité qu'on m'a versée. Je n'avais pas tout à fait quarante-cinq ans. En un an d'APEC (Association pour l'emploi des cadres, l'ANPE des cadres) et de chômage, j'ai eu le temps de prendre conscience que je ne trouverais pas de travail du tout. Mes compétences n'intéressaient personne, même en acceptant un salaire de misère, qu'on n'osait pas me proposer lors de la première entrevue et malgré mon insistance. Je ne supportais pas de rester inactif, à côté de ma femme qui faisait bouillir la marmite et assurait l'éducation de nos enfants. Alors j'ai cherché ce que je savais faire. J'aime conduire, je connais bien Paris, les adresses des grands hôtels où je rencontrais mes clients me sont familières, tout comme celles des restaurants grands ou petits que je fréquentais régulièrement, au beau temps des notes de frais. Je me suis lancé.*

» *Je travaille onze heures par jour, six jours par semaine, mais cela ne me change pas, j'ai toujours travaillé autant. Bien sûr, je gagne moins d'argent, mais j'ai aussi beaucoup moins de responsabilités, et je n'ai pas de directeur général pour me demander si mes collaborateurs ont atteint les objectifs fixés. En tout cas, puisque, à moins de cinquante ans, je suis trop vieux pour faire autre chose, c'est mieux que de rester chez moi à me ronger les poings sous le regard des miens. Ils faisaient des efforts pour ne pas avoir l'air apitoyé, mais cela m'était devenu insupportable.* »

Des vieillards de quarante-cinq ans, la crise en fabrique à la pelle, cadres ou agents de maîtrise, techniciens, ouvriers ou employés. Et cela ne nous donne plus du tout envie de rire. **Josée Doyère**

▶ idéal. Mieux vaudrait s'en prendre à ceux qui font et votent les lois que les ronds-de-cuir appliquent à la lettre. Oui, mais voilà : ces gens puissants ont de l'entregent. La mauvaise humeur sera donc celle qui n'ose s'attaquer qu'aux obscurs, qui balaye l'écume des choses et préfère épargner les grands. Cette humeur dite « poujadiste » est très présente dans les discussions de bistrot et souvent reprise dans les journaux populaires.

La bonne humeur

La bonne humeur s'en prend aux grands sujets de société : réforme de l'orthographe, corruption des partis, gâchis écologique, justice à deux vitesses, guerres et massacres en tous genres. S'il veut être crédible, trouver le ton juste, l'auteur doit véritablement être indigné. Et non pas affecter de l'être. Il trouvera ainsi, sans forcer, ses arguments. Rien n'est plus facile que de détecter les sophismes et les faux haut-le-cœur dans une humeur de commande. En revanche, une humeur sincère, un coup de sang, s'écrit d'un trait, comme un verre vidé cul-sec ou un coup au plexus. Très souvent, le premier jet s'impose.

Mieux : l'apoplectique de service, une fois sa bile répandue, évitera de se relire à froid ; il serait alors tenté d'atténuer certains arguments, d'ôter les adjectifs les plus sanglants, en se disant que « décidément j'exagère ». La qualité de son humeur en souffrirait.

Par définition, une humeur est partiale et sans nuances. Ce n'est pas une chronique balancée aux accents raisonnables. De plus, le *Je* traduit un engagement personnel indubitable du journaliste. Les limites de la bonne humeur sont celles du talent de l'auteur, de la sincérité de ses accents. Une bonne humeur me semble être celle qui donne vie à un malaise obscurément ressenti, ou qui casse les pattes à un « canard » à la mode, à une intoxication collective. Le *J'accuse* de Zola est évidemment un modèle du genre.

CHAPITRE III

La satire et le pamphlet

Distinguer humeur, satire ou pamphlet relève de l'exercice d'école. Un nez non averti y reniflerait le même tabac. Et pourtant ! L'humeur est écrite généralement au premier degré. C'est un cri du cœur, un genre de coup réflexe. Le pamphlet, au contraire, réclame une lente maturation de l'idée. Là où l'adversaire attend un direct au foie en guise de réplique, le pamphlétaire répondra par une fiole de venin, un jet de vitriol.

Le style de la bonne satire

Rien n'est plus aisé que de s'énerver sur une feuille de papier en prenant le ciel à témoin : *ô tempora, ô mores !* tel Cicéron tançant Catilina. L'abus des insultes, des admonestations et des invectives finit par laminer la beauté de l'injure, d'autant que la télévision, où les hommes politiques se prennent pour des comiques professionnels, a vulgarisé et affadi la méchanceté du verbe. La satire est plus efficace, qui utilise une arme mortelle : l'écriture au second degré.

Exemple : *Amin Dada n'était pas un tyran sanguinaire* (humeur) *mais un grand philantrope méconnu qui aimait bien ses adversaires, surtout en sauce moutarde à la crème...*

Au second degré, l'auteur atteint sa cible en dressant d'elle un faux panégyrique. Il met ainsi en valeur les tares de sa victime avec plus de force que s'il s'en indignait. Cette méthode est valable pour tous ceux qui le méritent, du politicien au pitre du show-biz en passant par le soudard ou le pousse-au-crime.

Il suffit de s'imprégner de la « pensée » de votre cible, de pousser à l'extrême ses arguments jusqu'à les rendre ridicules. Le second degré est un ton très bien adapté aux cibles à gros nez rouge, du genre Foire du trône. On se souvient d'un vertueux père-la-pudeur, en croisade contre la libération des mœurs, dont la carrière fut brisée lorsqu'il fut atteint, lors d'un meeting télévisé, par un préservatif rempli de yaourt. Ce Danone-là valait tous les quolibets. De même, si vous voulez peiner un démagogue xénophobe, ne l'injuriez pas : parodiez un de ses discours avec des accents hitlériens.

Il est plus malaisé d'utiliser le second degré contre un technocrate, un individu lisse et sans aspérités. Sauf à utiliser un discours abscons, qui ne veut rien dire, à la façon de Pierre Dac, au terme duquel le lecteur se demande ce qu'il vient de lire.

Autre truc employé fréquemment : épouser le point de vue de votre adversaire, se lancer dans une surenchère comique et mettre les rieurs de votre côté. Henri Rochefort, le père des pamphlétaires, à qui l'on reprochait de vivre dans le luxe, avait répondu ainsi dans une *Lanterne* de 1874 : « C'était par une belle matinée d'avril. Je venais de tuer mon père. Deux de mes enfants, attachés au pied de leur lit, se tordaient dans les convulsions de la faim, tandis que, joyeusement attablé devant les assiettes d'argent volées au ministère des Affaires étrangères, je sablais, dans des vases sacrés, un petit vin de Moselle que je vous recommande... ».

Nombre d'hommes publics, attaqués dans leur honneur, pourraient ainsi employer le second degré pour renchérir dans la turpitude en écrivant : « La Mer morte, j'avoue, c'est moi qui l'ai tuée ». Ils préfèrent se disculper au premier degré et leur défense y perd sa force.

Le second degré a aussi ses limites : il suppose une complicité totale et immédiate de votre lecteur, qui doit savoir lire entre les lignes. Si celui-ci, par exemple, prend au pied de la lettre et au premier degré votre article antiraciste écrit au second, vous passez aussitôt pour un néo-nazi. C'est l'anecdote que m'a rapportée Guy Bedos. Un soir qu'il sortait, rideau baissé, d'une scène où il avait vivement parodié, au second degré, le racisme ordinaire des « bœuf's » à la Cabu, il ne put s'empêcher de dire à l'accessoiriste arabe : « Excuse-moi, vieux ! ». Et le brave homme lui répondit : « Oh, c'est pas grave, monsieur Bedos, on a l'habitude ».

Il convient donc d'annoncer la couleur aussitôt, de forcer le trait dès les premières lignes, afin d'ôter toute ambiguïté à votre charge. S'il est à vos côtés dès l'attaque du papier, le lecteur jubilera sans aucune arrière-pensées. sinon, c'est la lettre indignée assurée : « Monsieur le rédacteur en chef, je n'écris jamais aux journaux, mais c'est avec tristesse et surprise que... ».

À la manière de...

Un pamphlet efficace peut s'écrire « à la manière de... ». Si votre cible, par exemple, s'entiche de Montaigne, vous pouvez l'attaquer en vieux français. La plupart de ceux qui méritent votre attention et occupent le devant de la scène médiatique, possèdent des tics de langage, un discours ampoulé ou creux.

Parodier ces gugusses pour s'en gausser exige un gros travail de documentation. Il faut se procurer tous leurs discours ou articles ou livres récents pour s'en imprégner. Une fois que vous avez littéralement phagocyté la pensée du bonhomme (BHL par exemple) ou de la dame (Marguerite Duras), il vous suffit de vous mettre à la place de leurs hémisphères cérébraux pour écrire un article qui pourrait être le leur. Pour copie conforme (Pcc). Mieux : votre article, une fois éliminées les scories, sera meilleur que celui qu'ils auraient pu commettre s'ils avaient eu votre talent de plagiaire.

L'écriture d'un « à la manière de » est longue et minutieuse. Il faut se méfier des anachronismes. Et posséder une batterie de dictionnaires. Pour parodier Voltaire répondant à Peyrefitte (*voir page 35*), il a fallu lire avec soin toute la correspondance de l'auteur de *Candide*. Autre exemple : pour écrire en argot une version inédite des *Versets sataniques*, il faut à la fois avoir lu l'original de Salman Rushdie, posséder un dictionnaire d'argot et imaginer une version raccourcie de l'histoire. Mais quelle satisfaction de pouvoir blasphémer en étant à l'abri des condamnations d'un ayatollah !

La lettre ouverte

Très prisée du monde littéraire, au point de donner son nom à une collection, la lettre ouverte est aussi employée dans la presse. L'auteur admoneste un personnage public, de la politique ou du show-biz, en lui adresant un courrier — rarement louangeur — mis sur la place publique, cour- ▶ page 36

QUELQUES EXEMPLES DE SATIRES ET PAMPHLETS

Les cinq exemples de pamphlets, qui suivent, d'un genre différent, illustrent la diversité des moyens employés pour ridiculiser l'adversaire.

Delfeil de Ton, aujourd'hui au Nouvel Observateur, *avait salué à sa manière irrévérencieuse dans* Hara-Kiri Hebdo *du 16/11/1970, le départ du Général De Gaulle. Et comment lui manquer davantage de respect qu'en le comptant dans les rangs des collaborateurs du journal ? (*Extraits*).*

IN MEMORIAM CHARLES DE GAULLE

Ainsi donc nous ne reverrons plus la longue silhouette dégingandée de Charles de Gaulle à nos réunions de rédaction. Nous reconnaissions son pas pesant dans l'étroit escalier de la rue Montholon. Arrivé en haut, là où ça fait un coude, invariablement il se cognait le haut du crâne dans le plafond. Alors nous nous écriions tous en chœur : « Merde ! » et il apparaissait en disant : « C'est moi, vive la France, on peut avoir un godet ? » Bien sûr, qu'il y avait toujours un godet pour lui. Je viens de lui en verser un, là, machinalement, et il ne viendra plus pour le boire. Jamais. Pauvre Charles de Gaulle.

....

qu'il avait été un héros dans la Résistance. Puis, en 45, en pleine force de l'âge, il s'était retiré dans une bicoque qu'il possédait à la campagne. Il était revenu s'installer à Paris en 58. On l'avait connu dans un bistrot de la rue Choron. Il nous disait toujours : « Vous devriez faire un journal rigolo, les gars. Les calembours du Canard enchaîné, c'est vraiment trop triste. » C'est comme ça qu'en 60 Hara-Kiri est né. Grâce à Charles de Gaulle, en partie. Il avait su nous donner confiance en nous : « Regardez René Coty, il est pas fin. Pourtant, il est président de la République. Et des gens comme vous n'arriveraient pas à faire un journal ? » Il nous avait convaincus. Au nom d'Hara-Kiri, merci, Charles de Gaulle.

Certains, chez Pierre, au tabac, disent qu'il vivait de la politique. Charles de Gaulle était bien au-dessus de la politique. Il portait un drôle de chapeau, avec une visière, pour se protéger du soleil paraît-il, mais il le portait par tous les temps.

Il était aimé partout. Surtout à l'étranger. Certains vont lui envoyer des fleurs. Nous, on préfère boire un coup à sa santé. C'est pas tous les jours qu'on perd un copain pareil.

Delfeil de Ton.

Jalons, *(n° 19, été 1993. Extraits), utilise le pastiche de la presse populaire (du style* France-Dimanche*) pour évoquer les malheurs de Michel Noir dans l'affaire Botton.*

POLITIQUE

MICHEL NOIR

MAINTENANT ON LE SAIT : ILS VEULENT TUER !

Dans le dernier numéro de notre magazine, nous nous inquiétions de l'incroyable acharnement du "milieu" politico-média

Ce furent d'abords d'insinuants ragots distillés, depuis sa cellule capitonnée, par Pierre Botton, gendre indigne : à en croire ce triste personnage, Michel aurait puisé à pleines mains - avec d'autres, il faut le souligner - dans la caisse de ses sociétés.
De fait, de vagues relations politiques ou journalistiques du maire se sont retrouvées brusquement "mises en examen" - sans égard pour leur célébrité et leurs obligations professionnelles.

Un Judas nommé Mérieux

Puis les événements se précipitèrent : en janvier, Michel était poignardé dans le dos par le RPR, dont il avait pourtant été longtemps la caution morale. Ce parti osait investir contre lui - et chez lui ! - le "professeur" Mérieux, un ambitieux doucereux et sans scrupules. En vain, Michel rappela qu'il avait été triomphalement élu maire sous le label gaulliste et qu'il était prêt à le refaire. Déjà, le RPR se lançait dans une campagne haineuse et déloyale contre lui. On voyait là combien le jeune maire-courage, en voulant élever le débat démocratique, avait suscité de haine dans une classe politicienne qui ne sait que ramper…

Un méchant petit juge

Entre-temps avait sonné l'heure de Philippe Courroye, un de ces petits juges avides de

....

d'autres Noirs innocents !

Condamner Michel, c'est condamner la démocratie

Au point où en sont les choses, Michel peut très bien être mis en accusation, condamné - et devoir renoncer à la politique ! Imagine-t-on un seul instant la vie politique française privée du peu d'oxygène que lui insufflait le jeune maire de Lyon ? Non, bien sûr ! Alors, *Jalons* a décidé de frapper haut et fort…
Nous demandons solennellement à M. le Garde des Sceaux, ministre de la Justice, de dessaisir du dossier Noir M. Philippe Courroye, juge rose qui ne représente que lui-même et certainement pas la justice - qui ne saurait être synonyme d'acharnement.
Il ne s'agit certes pas, dans notre esprit, de chercher à "étouffer" l'"affaire" : Michel, nous le savons, est prêt à se faire acquitter par un Jury d'Honneur composé de personnalités aussi incontestables que François Léotard ou Laurent Fabius. Mais de grâce, M. le Ministre, évitons qu'une soif aveugle de "vérité" ne cause au sein de notre classe politique, qui compte plusieurs hommes intègres dont Michel, les mêmes ravages qu'en Italie.
Car quand la justice devient folle, c'est la démocratie qu'on interne !

Pierre Leuzinger

A la Racine

La tragédie qui s'est jouée, dans la nuit de samedi à dimanche, au sein du parti socialiste français a éveillé en moi quelques réminiscences classiques. Les voici en toute humilité. Le décor unique est celui d'un studio du Palais des étranges lucarnes.

Quilesius, confident de Fabius *(à part)*
Le perfide intérêt, l'aveugle jalousie
S'unissent contre nous pour l'affreuse hérésie
La discorde en fureur frémit de toute part
Tout semble abandonner nos sacrés étendards
En ces heures extrêmes, en ces temps de magouille
Une question m'assaille: Laurent, as-tu du cœur?

Microphonus, gazettier aux étranges lucarnes
(s'adressant à Fabius qui entre)
Puis-je vous demander quel funeste nuage
Seigneur, a pu troubler votre auguste visage
Oseriez-vous confier ce secret au micro?

Fabius
Oui, le destin s'acharne et j'ai le cœur gros
Un prince ambitieux, trop assoiffé de gloire
A réussi à muer ses défaites en victoires
Pourtant «Plouf» et «Big bang», désormais synonymes
Se marient en un mot : «Conflans-Sainte-Honorine»...

Rocard *(qui entre)*
Tu t'égares, Fabius; car aux âmes bien nées
La valeur n'attend point le nombre des tannées
Et ne se fonde pas sur de seules peaux d'âne...

Fabius
Ah! c'est ce même orgueil, Rocard, qui vous condamne
Je vois de vos calculs le principe odieux
L'Elysée seul charme vos impudiques yeux
Et pour tout autre objet, votre âme indifférente
Dédaigne de brûler d'une flamme innocente.

Rocard
Soyons donc au moins fidèles l'un à l'autre
Vous avez mon secret, j'ai pénétré le vôtre
Ils se ressemblent, en fait, comme deux gouttes d'eau...

Fabius
Il suffit, à jamais je vous tourne le dos! *(il sort)*

Le chœur des Quadras; mené par Ségolène
Tous se retirent sous leur tente
Jospin a choisi la tangente
Mauroy Saint-Jean-bouche-cousue
A les yeux fixés sur les nues
Chevènement a foutu le camp
Et puis nous, qu'est-ce qu'on attend?
Vae victis, malheur aux vaincus
Delors la boucle et Dieu est nu.

Quilesius, très sombre *(à part)*
C'était pendant l'horreur d'une profonde nuit...

Microphonus
(s'adressant à Militantus vulgaris)
Voudriez-vous, Monsieur, nous donner votre avis?

Militantus vulgaris
Hélas, on peut le dire en vers ou bien en prose
La vérité est là: ça ne sent pas la rose.

Pierre Corneille et Jean Racine
p/cc P. L.

Pierre Leuzinger, de son balcon helvétique, regarde avec amusement le drame de succession qui secoue le parti socialiste français et, dans son journal L'Hebdo, *du 8/4/1993, en tire une saynette à la Racine.*

Dans La Grosse Bertha, *(du 29/8/1991), Arthur utilise les grosses ficelles de la presse stalinienne pour évoquer, sur le mode d'un discours du comité central, « Contre la réaction triomphante, défendons les acquis du communisme », la tragique disparition de l'URSS.*

Mes chers camarades,

La terrible nouvelle nous est parvenue hier, par le canal de l'agence Tass, plus rapide, encore une fois, que ses concurrentes bourgeoises : l'URSS n'est plus ! Un immonde complot mené de main de maître par les forces réactionnaires du grand capital monopoliste international a fini par terrasser les masses populaires d'Union Soviétique. Les agents de la CIA infiltrés dans la population moscovite, reconnaissables à leurs blue-jeans Lewis et leurs chaussures Weston, se livrent à des danses macabres obscènes autour des symboles vivants de la Révolution. Leurs grues de fabrication américaine décapitent les statues de bronze de Lénine, l'immortel fondateur du Parti Communiste bolchevique. Une joie indécente submerge les chancelleries occidentales. Les suppôts du grand capital, les héritiers des 200 familles, les agents du sionisme sans frontières se réjouissent ouvertement de pouvoir enfin brader les acquis de la révolution prolétarienne. Le dépeçage de l'URSS par la bourgeoisie commence.

Les historiens révisonnistes stipendiés par Wall Street ont mis déjà leur basse besogne en chantier. Aussi est-il de notre devoir de rappeler ici la glorieuse épopée de l'Union Soviétique en faisant litière des calomnies répandues à pleines brouettes sur l'URSS. Oui, Joseph Staline était "le petit père des peuples". Bonhomme, courageux, moustachu, fumeur de pipe, cette figure cocasse de l'URSS a été le premier à ouvrir, pour les vieux héros de la classe ouvrière, des centres de repos

....

Mince consolation à l'heure où les traîtres et les félons abondent. La Révolution a été en effet minée de l'intérieur. On a prétendu que les soviétiques n'étaient pas heureux, mangeaient les semelles de leurs godasses et autres calomnies ! Mais qui avait intérêt à organiser la pénurie, qui, sinon le grand capital ? Qui a détraqué le temps en URSS, faisant neiger en Sibérie ? Qui a fait sauter Tchernobyl ? Qui a introduit le doute pourrisseur dans les colonnes de la Pravda. La réponse est évidente : c'est le capitalisme, avec l'aide de la social-démocratie. Le traitre suprême Gorbatchev, liquidateur du PCUS, a fini par l'avouer lui-même : en vacances en Crimée, dans sa datcha luxueuse, il écoutait la radio "Voix de l'Amérique" en carressant les visons de sa femme corrompue par Dior!

Mais qu'on y prenne garde ! S'il a momentanément perdu la guerre, le peuple soviétique n'a pas perdu une bataille. Déjà, la riposte se prépare. A Moscou, on fait la queue au mausolée de Lénine et on fleurit la tombe de Staline. Rira bien qui rira le dernier, comme dit notre camarade Saddam Hussein !

Pour le Comité Central :
camarade Arthur

Une longue relecture de Voltaire a été nécessaire à l'auteur (H.M.), pour pasticher, dans les Nouvelles littéraires *de novembre 1985, la réponse de l'ermite de Ferney à Roger Peyrefitte. Il ne suffit pas d'éviter les anachronismes. Il convient d'imiter jusqu'à la syntaxe de l'auteur.*

Réponse de Voltaire au Sieur Roger Peyrefitte

J'ai bien reçu, Monsieur, le livre ingénieux et profond que vous avez bien voulu me consacrer et je vous en remercie. J'avoue être flatté qu'un homme de lettres de votre stature ait eu la patience de s'intéresser aux bagatelles de ma correspondance. Vous avez eu la bonté de lire plus de vingt mille lettres, qui n'étaient pas faites pour être publiques, que je n'ai jamais corrigées.

Votre génie diabolique excelle à mettre en exergue tout ce qui, dans ma vie, témoigne de petites bassesses, de vertus mal affermies, par quoi le chemin du Parnasse aurait dû m'être interdit. Il y a plus de deux cents ans, Monsieur, que j'ai rompu avec le genre humain pour franchir les rives du Styx. Votre libelle malicieux ne saurait donc atteindre un homme qui trouve, dans le commerce des angelots, une douce consolation aux rigueurs de l'exil.

Je conviens avec vous que la statue littéraire dont les siècles m'ont gratifié méritait le coup de plumeau dont vous la bastonnez. Voltaire le philosophe ! Vous me faites un plaisir extrême. J'ai commis, je vous l'avoue, ce que vous dites être le *« péché philosophique »*, avec mes amis du collège de Jésuites. C'est là, dans l'ombre complice des hauts murs de Louis-le-Grand, que j'ai approfondi les délices de l'amour socratique dont j'ai ouï dire que vous étiez vous-même friand.

« Tu chériras un beau garçon
Tant qu'il n'aura barbe au menton »,

écrivait le grec Solon, notre maître à tous. Et vous savez que je pouvais raser avec une pince à épiler les trois poils qui ornaient mon menton ! Je ne vous cacherai pas que mon aspect physique n'était pas des mieux tournés. La nature ne m'avait pas gâté en me dotant d'une taille chétive et d'une constitution souffreteuse. Les faiblesses de mes intérieurs, le délabrement de mon estomac, m'ont conduit à user fréquemment d'un clystère médical qui était, croyez-le, loin de l'outil organique prisé par les gitons.

Du reste, le peu de satisfactions que les femmes retiraient de mes emportements suffit à justifier la vie libertine et tapageuse que vous me prêtez.

....

▶ rier qui, envoyé par la Poste aurait fini sans aucun doute dans la poubelle de l'intéressé. Les lecteurs sont ainsi élevés à la dignité de témoins et de juges.

Ces épitres permettent à l'humble journaliste de tutoyer les grands de ce monde. Cicéron avait donné l'exemple en s'adressant oralement à Catalina : « Jusques à quand abuseras-tu de notre patience ? », suivi par d'innombrables auteurs (Zola, notamment). Mais le meilleur exemple en est la série des adresses envoyées par les surréalistes (d'Artaud à Breton) en direction du Pape, du Dalaï-Lama ou autres recteurs d'universités et directeurs d'asiles.

Là encore, la lettre, destinée à emporter l'adhésion du public, doit fourmiller de formules de style, faire preuve d'une insolence mesurée, éviter la diffamation et porter sur des sujets connus qui font l'objet de controverses. Une bonne lettre ouverte ne doit pas dépasser les 3 000 signes. On se lasse aussi du caviar !

CHAPITRE IV

Les échos et ragots

Si la molécule de base des genres informatifs est la brève (six lignes résumant l'essentiel de l'information), celle des genres de commentaires est l'écho. Comme la brève, l'écho se monte en rivière (de diamants noirs) et ne dépassera pas les dix lignes. Les échos seront encadrés, avec un seul mot clé pour titre. Et sachez que le lecteur est friand de ces amuse-gueules.

La quête aux échos

À l'occasion d'un congrès, d'un colloque, d'un salon ou d'un banal compte rendu d'assemblée générale, de conseil des ministres ou de manifestation, une myriade d'informations annexes se présentent qui, faute de place, finissent à la poubelle. C'est dommage ! Non pas que ces bruits de couloir, ces ragots ou ces anecdotes méritent de passer à la postérité ! Mais ces échos, dans leur insignifiance, sont parfois plus « signifiants » que bien des discours en bronze.

Les deux qualités primordiales du journaliste sont la rigueur et la curiosité. À vous de ne pas vous contenter des informations officielles, des proclamations de tribune, pour aller à la pêche à l'écho. Il suffit de laisser traîner ses oreilles dans les bons endroits du buffet, dans les réunions informelles de couloir, les appartés et coins-café. C'est là qu'à micro fermé s'échangent les petites vilenies et mesquines calomnies qui seront le sel, le poivre ou l'harissa de votre article. Il vous faudra cependant trier dans le filet pour ne garder que les poissons comestibles, c'est-à-dire les informations publiables, à l'abri de la diffamation et de l'injure. Là encore, c'est l'humour qui vous servira d'écumoire. Rejetez toutes les insinuations lourdingues et les calomnies invérifiables que les intéressés — dans un but du même tonneau — avancent à voix haute dans l'oreille du reporter.

▶ page 41

QUELQUES EXEMPLES D'ÉCHOS

Dans L'Événement du jeudi *(10/1/1985), Jean-Paul Kaufmann utilise l'abécédaire pour expliquer à ses lecteurs, sous forme d'échos, la situation en Nouvelle-Calédonie. Cette façon d'informer vaut parfois mieux qu'un long article filandreux.*

A comme ADG

Ces initiales cachent (mal) l'un des principaux responsables du Front national en Nouvelle-Calédonie. Bien que minoritaire, la formation de Jean-Marie Le Pen attire une fraction croissante de l'élément européen excédé par l'attentisme du RPCR (*voir Lafleur*). Arrivé il y a trois ans pour y écrire la saga d'une famille de l'île, ADG s'est installé à Nouméa. Correspondant permanent de *Minute*, ADG, de son vrai nom Alain Fournier, est un auteur réputé et talentueux de la Série noire. Officiellement, il exerce les fonctions de « délégué pour la presse ».

B comme Ballande

Le plus gros contribuable de Nouvelle-Calédonie, mais peut-être pas la plus grosse fortune *(voir la lettre R)*. Originaire de Bordeaux où elle possède Château-Baret dans les graves, la famille Ballande, installée à Nouméa depuis 1883, est à la fois le Carrefour et le Prisunic de l'île. Ses magasins ont été pillés à Thio ou rackettés à Lifou. Ballande, qui possède aussi une agence maritime, des compagnies d'assurances, des mines de nickel, des usines et des stations d'élevage, est la seule grande famille qui ne soit pas sur son déclin. *« Nous sommes des colons. Au sens éthymologique »*, admet Louis Ballande, qui reconnaît que le nom qu'il porte est, en Nouvelle-Calédonie, *« synonyme de la réussite capitaliste »*. C'est la première firme française à avoir fait une percée remarquée en Australie.

C comme Caldoche

Origine mystérieuse. L'ethnologue Jean Guiart *(voir la lettre G)* affirme qu'il s'agit d'une contraction de l'expression *« calédo-chose »*. Le mot garde encore une connotation péjorative. Est caldoche tout Européen né en Nouvelle-Calédonie. Désigne surtout les descendants des premiers colons. Sur 53 974 Européens habitant la Nouvelle-Calédonie, on considère que 31 000 sont caldoches. Dans un État indépendant, *« nul ne pourra être contraint d'adopter la citoyenneté nouvelle »* (Pisani). Le plan prévoit un statut de résident privilégié. En parler caldoche, *awah* est l'interjection la plus employée. Exemple : *« Awah ! tu côné l'mec, dis. »*

D comme Déportation

Après la Commune de Paris, quatre mille communards furent déportés en Nouvelle-Calédonie, dont Louise Michel et le polémiste Henri Rochefort. Une quarantaine d'entre eux seulement choisirent de rester après l'amnistie de 1880.

Plus condensés encore, les célèbres échos du Canard Enchaîné *(22/9/93), qui sont parfois autant de petits billets d'humour.*

Paul Wermus (page suivante), est un échotier connu du Quotidien de Paris *et de* FR3. *Il s'intéresse au Tout-Paris.*

minimares

- **Des représentants** de Marc Blondel (FO) et de Louis Viannet (CGT) multiplient les rencontres secrètes, et les deux grands chefs syndicaux se téléphonent fréquemment. C'est la première fois depuis la scission de 1947 qu'un dialogue direct est instauré entre la CGT et FO. Encore un succès pour Balladur !

- **Au cours** de « L'heure de vérité » que lui consacrait France 2, Pasqua a déclaré : « Le système des primaires est là. Le moment venu, il faut le mettre en route... Je suis prêt à faire plancher mes services » (sur cette question). On ne savait pas que le ministère de l'Intérieur avait été créé pour régler les problèmes internes de la majorité.

- **Au moment** où Pasqua célébrait les charmes des primaires, un autre ministre RPR, François Fillon, parlait sur RMC du système des primaires : « Je crois qu'il n'y a aucune chance qu'il fonctionne. » Il devrait en parler au ministre de l'Intérieur.

- **Député UDF,** François d'Aubert a dénoncé les méthodes des banques. Selon « Le Figaro » (21/9), il

- **Rocard,** en visite à Strasbourg la semaine dernière, a interdit aux photographes de lui tirer le portrait au moment où il sortait son mouchoir : « Ça pourrait se retrouver dans "Le Canard enchaîné" », a-t-il dit. Comme si les occasions de moucher les hommes politiques manquaient.

- **André Labarrère,** qui avait quitté les rangs socialistes quand il fut décidé d'arrêter la construction du tunnel du Somport, n'a pas raté son retour au PS. Selon l'AFP, le député-maire de Pau a publiquement déclaré : « Rocard est nul pour la présidentielle. » Voilà qui va sûrement remonter le moral des militants.

- **Pleurs de Delors** (en privé) : « Mitterrand est un vrai monarque. Pour avoir un rendez-vous avec lui, je dois m'y prendre deux mois à l'avance. » Tonton a un emploi du temps très chargé, il ne saurait y avoir d'autre raison.

- **Plusieurs** dirigeants du Front national doivent participer, le 24 septembre au Québec, à une réunion visant à regrouper les groupes d'extrême droite canadiens. Le grand organisateur de cette sym-

VUS & CONNUS

PAR PAUL WERMUS

● « Le Film français », considéré comme la bible hebdomadaire des cinéphiles, fêtera sa nouvelle formule, le 14 janvier au Palace. A cette occasion se déroulera la première édition des prix « Film français ».

Bourret 93

C'est dans la première semaine de janvier que paraîtra le n° 7 de « Cinquante-Cinq Millions de téléspectateurs », le mensuel que dirige **Jean-Claude Bourret** et qui est diffusé aux 300 000 familles qui appartiennent à l'Association de défense de la Cinq. Ce magazine passe de 12 à 32 pages et accepte désormais la pub. Prix de l'abonnement annuel, 70 F. C'est ainsi que vous apprendrez que les trois meilleures émissions plébiscitées par les téléspectateurs sont « Questions pour un champion », « la Marche du siècle » et « Envoyé spécial ». Et que les moins appréciés du public sont : « Coucou, c'est nous », « Sacrée Soirée » et Arte pour l'ensemble de ses programmes !

Au feu

Michel Mourlet, critique théâtral à « Valeurs actuelles » mais aussi patron du secteur librairie-éditions de ce groupe, vient de signer sa première pièce, « l'Epreuve du feu », une énigme policière et métaphysique, que l'on verra à partir du 10 janvier, au théâtre de Levallois.

Les tête-à-tête d'Arte

Arte propose à partir du 4 janvier une nouvelle émission baptisée « Rencontres », diffusée chaque jour à 19 heures. Le principe en est simple : une personnalité en interviewe une autre. C'est ainsi qu'Antoine Riboud confesse **Rostropovitch, Ricardo Bofill, Alain** [illegible]

Au clairon !

Michou sera encore plus délirant en 93 qu'en 92. Il suffit de jeter un coup d'œil sur sa carte de vœux exhibitionniste à souhait.

Duo

C'est au **Trianon-Palace** que **Bernard-Henri Lévy** s'est mis au vert avec **Françoise Giroud** pour

▶ L'écho, c'est le style

Plus que tout autre genre, l'écho ne supporte pas l'à peu-près et la médiocrité. La chute est facultative mais souhaitable. Le style sera vif, coquin, truffé de sous-entendus et d'allusions. Ni lourdeurs, ni longueurs de phrases. Tous les journaux ont leurs échos. Le modèle, ce sont les « minimares » du *Canard,* où le lecteur voit se lever le voile de la vie politique française. Une autre façon de présenter les échos est l'abécédaire, où l'auteur n'est pas obligé d'avoir à disposition toutes les lettres de l'alphabet pour composer sa rubrique.

CHAPITRE V

L'éditorial ou La voix de son maître

L'éditorial, ou édito, est le genre de commentaire le plus usité et le plus connu. Étymologiquement, il est le mot de l'éditeur *(editor)*. En réalité, il est la prise de position officielle du propriétaire du journal, lequel, dans sa grande bonté et dans sa thébaïde, délègue ses pouvoirs au rédacteur en chef, lequel, en rendez-vous extérieur, délègue sa pensée à un chef de service. C'est dire que tout le monde peut écrire un édito, à condition d'en avoir l'autorisation.

Théoriquement, l'éditorial engage la responsabilité du journal, à propos d'un événement jugé d'une importance capitale : élections, changement de ligne rédactionnelle, menaces sur la pluralité de l'information (le journal concurrent vient d'absorber *Le Petit Rouge des Côtes-du-Rhône*) etc. Il s'agit donc d'une prise de position.

Dans la réalité, l'éditorial s'est affadi, au point de devenir parfois le titre d'une chronique quotidienne où l'auteur, confondant les genres, prend vigoureusement parti pour ou contre le dernier film de Godard. Dommage ! C'est là gâcher les munitions.

Le mot du Président

C'est dans la presse d'entreprise ou municipale que l'on trouve l'usage le plus fréquent du faux éditorial. Le président du groupe, de la société, de l'entreprise ou M. le Maire de la commune, éprouve le besoin d'écrire un article de fond (comme s'il existait des articles de surface !) pour donner le ton du nouveau numéro, un trimestriel qui sort généralement tous les six mois. Les collaborateurs de la maison, éblouis, y apprennent :

1) que l'été n'a pas été fameux mais que nous avons un bel automne ;
2) que le mieux est l'ennemi du bien ;
3) que les temps sont durs mais que, tous unis, nous vaincrons l'hydre de la récession ;
4) que le président nous souhaite une bonne rentrée et surtout beaucoup de bonheur, et que le maire œuvre sans relâche pour le bien de ses concitoyens.

Il est donc vivement recommandé d'intituler cet article « Le mot du Président » ou celui du maire. Ce genre de faux édito a cependant ses avantages : il est très facile à écrire puisque le contenu sémantique est inexistant et que le Bon Dieu, dans sa grande bonté, a créé quatre riches sujets d'édito : les quatre saisons. Au cas (fréquent) où, le président en panne d'idées ne trouverait pas matière à édito, il confie la rédaction de cette lacune au directeur de la communication. Que celui-ci ne se formalise point si le président, devant l'édito, décide de tout réécrire. Ce dernier, angoissé par la feuille blanche, avait seulement besoin d'un point d'appui pour réagir. Soyez sûrs qu'il vous sait gré, *in petto,* d'avoir pondu ce tissu d'inepties... Dernier conseil au responsable du bulletin municipal : n'attaquez pas l'opposition ! Ce n'est pas très élégant puisqu'elle ne peut répondre. Et puis, les majorités sont faites pour changer...

Le plan de l'édito

L'éditorial, genre noble par excellence, où chaque virgule a son importance, et jusqu'à la place de l'adjectif (ne pas confondre la pure héroïne et l'héroïne pure), nécessite une plume de velours dans une pensée de fer. Placé en encadré à la une, il occupe une place enviée et ne saurait donc tolérer la moindre faiblesse de vocabulaire. On le lira et relira plutôt cent fois qu'une, afin de trouver le mot le plus pertinent, la phrase la plus nerveuse, voire la saillie finale qui enlèvera l'adhésion du lecteur.

En matière de construction, le premier plan qui vient à l'esprit est le plan universitaire, celui de l'argumentation classique. Illustré par Michel Voirol dans son *Guide de la rédaction** : « Il s'est passé quelque chose. C'est bon... c'est mauvais... parce que... Par conséquent cela pose tel pro- ▶ pag

* Aux Éditions du CFPJ.

QUELQUES EXEMPLES D'ÉDITORIAUX

ÉDITORIAL

Les avantages du oui

Partis les premiers en campagne, les croisés du non à Maastricht ont conduit la phase initiale de la bataille du référendum : ils ont choisi leur terrain, et forcé les défenseurs du oui à réfuter, d'abord, une rafale d'arguments mêlant des perplexités légitimes (comment s'exercera le contrôle démocratique de l'intégration européenne) et de solides contre-vérités (la Communauté coûtera cher ; elle condamnera nos paysans).

Les pro-Maastricht ont, dans un deuxième temps, expliqué les dangers auxquels une réponse négative exposerait la France et les Français : impossibilité d'amener nos partenaires à renégocier le traité sur la base de renvendications communes à Le Pen, Séguin, Chevènement et Marchais ; réduction de notre rôle international et européen au profit des Anglo-Saxons et des Allemands. À droite, en outre, Chirac et Giscard faisaient progresser une idée simple : dire oui, aujourd'hui, à une Europe libérale et non, dans quelques mois, à une France socialiste représentent les deux faces d'une même médaille.

Les supporters de l'intégration doivent, cependant, franchir un pas supplémentaire et répondre à une question fondamentale : réaliser l'Europe, pourquoi ? nous savons ce que nous perdrions avec le non, mais que gagnerions-nous avec le oui ? L'Europe nous permettra :

1. d'améliorer notre niveau de vie, et la qualité de celle-ci. L'Histoire prouve que le développement des échanges constitue un facteur de richesse. Le « plein-emploi » assuré de façon factice dans les régimes socialistes n'a organisé que la pauvreté générale. Soumise au jeu de la concurrence, la France se verra, par ailleurs, dans l'obligation de libérer des forces et des flux financiers qu'un excès d'étatisme, de centralisme, de bureaucratie a retiré du circuit productif. L'Europe ga-

rantira notre besoin de croissance ; elle nous forcera à former notre jeunesse ; au total, elle favorisera l'emploi. Cette Europe, en harmonisant par le haut les standards nationaux, tiendra mieux compte, aussi, du souci, aujourd'hui général, de préserver l'environnement.

2. d'accroître notre puissance, en partageant notre pouvoir. C'est le sens profond du fameux principe de subsidiarité : exercer les choix au niveau communautaire lorsque les profits, pour tous, y sont décisifs. En gros, rechercher le plus grand commun multiple au lieu du plus petit commun dénominateur. Ensemble, nous parviendrons à répliquer aux appétits industriels du Japon et agricoles des États-Unis. Un jour, nous lutterons de façon efficace contre la drogue. Et viendra le temps où les positions que l'Europe défendra, où les forces militaires qu'elle pourra déployer constitueront un pilier de la sécurité internationale.

3. de proposer aux peuples européens et au reste du monde une nouvelle civilisation, responsable, humaniste, attrayante, dépassant le libéralisme sec des États-Unis. Cette Europe-là, c'est celle qui résorbera la grande pauvreté (de 5 à 10 millions de personnes dans la Communauté). C'est celle qui désamorcera le problème de l'immigration. C'est celle qui, assumant sa culture et son Histoire, renforcera l'aide au tiers monde, qui, à l'instigation de la France, fera de l'action humanitaire l'un des vecteurs essentiels de la politique étrangère, et accueillera, à la fin du siècle, les pays de l'Est. C'est celle qui, la première, fixera, dans le domaine de la bioéthique, de nouveaux droits de l'homme.

Celle, pacifiée, pacifique, que l'on transmettra aux générations montantes : un État-continent sûr de lui et généreux. **Yann de l'Écotais**

Dans L'Express, *du 10/9/1992, Yann de l'Ecotais prend position pour le Oui au traité de Maastricht et expose les raisons de son choix, qui est celui de son journal. Autre éditorial, (ci-contre), d'un genre plus polémique, celui de Robert Hersant (daté du 25/11/1983), qui prend d'autant plus de valeur qu'il en signe peu à la une de son* Figaro. *Avec le recul, sa condamnation du Comité des Sages qui instaurera un contrôle totalitaire de la presse ne manque pas de sel... Mais telle est la loi du genre.*

La vocation totalitaire

LE président de la République vient de prendre la responsabilité d'assujettir la presse française à un statut qui la place sous le contrôle direct du parti socialiste.

Les grands mots de défense du pluralisme et de lutte contre les trusts utilisés pour masquer cette vérité appartiennent au vocabulaire traditionnel de l'illusion.

Désormais, un comité aura droit de vie et de mort sur tout journal politique paraissant en France. Il légiférera hors du contrôle du Parlement, jugera hors la présence de magistrats, sanctionnera hors la garantie du Code. Il pourra même utiliser la police économique pour perquisitionner sans mandat.

Tel est l'esprit de la loi.

Qui composera ce comité révolutionnaire ?

Six membres :

– un socialiste désigné par le président de la République ;
– un socialiste désigné par le président de l'Assemblée nationale ;
– un socialiste désigné par le vice-président du Conseil d'État ;
– un socialiste désigné par le président de la Cour des comptes ;
– un socialiste désigné par le prochain président de la Cour de cassation ;
– un indépendant désigné par le président du Sénat.

Le socialiste désigné par le président de la République sera président du comité. En cas de partage des voix socialistes, il aura voix prépondérante.

Avec la loi électorale et le statut de la presse, le Pouvoir entre dans la phase préparatoire des élections législatives. Dans le premier cas, il se propose de truquer. Dans le second, de traquer.

Il apparaît, en tout cas, tel qu'il est et faisait semblant de ne pas être : un pouvoir à vocation totalitaire.

Robert HERSANT.

▶ blème... Certains pensent que... D'autres que... Pour notre part, nous pensons que... et nous concluons. » Ce plan balancé est celui des éditoriaux qui donnent la position du journal à l'heure d'une élection importante. On y pèse les arguments avancés par les candidats avant d'annoncer le meilleur choix pour la France (et la santé financière du journal).

Autre plan possible : celui de la plaidoirie. Il suffit de se mettre à la place de l'avocat et d'imaginer les moyens les plus retors de faire gagner sa cause. Tout est permis en l'occurrence puisque la mauvaise foi est la seule conseillère. Il s'agit-là d'enlever l'intime conviction du lecteur-juré en utilisant l'alternance des trémolos et des adjurations. Pris par la main, séduit et floué, le lecteur souscrira à cet édito, d'autant qu'il est souvent tout disposé à se laisser convaincre par ce style d'article, surtout en France, pays de Bossuet et de Léon Bloy, où l'éloquence est reine.

Heurs et malheurs de l'édito

L'édito étant réservé aux Cicéron, aux Maurras et aux Artaud qui sommeillent dans chaque rédaction a donné naissance à un verbe péjoratif : éditorialiser. Sous-entendu : se prendre au sérieux. Il ne faut pas sous-estimer l'apostrophe. Les éditorialistes font partie de ce que l'on appelle le Tout-Paris : une vingtaine d'individus haut-placés, dans un magnifique renvoi d'ascenseurs, se citent les uns les autres, échangent rhubarbe et séné dans les revues de presse, s'invitent mutuellement dans les débats télévisés et « font » l'opinion. L'idéal serait que, une fois au pinacle, l'éditorialiste ait assez de recul et de distance pour laisser l'usage de son pré-carré à d'autres talents.

Mais l'idéal n'est pas de ce monde... Et chacun sait qu'un journaliste, si modeste soit-il, ne lit qu'un article dans son journal : le sien.

CHAPITRE VI

Défrayons la chronique

Ah, la chronique ! Quel rédacteur débutant n'a pas un jour rêvé de posséder une chronique dans son journal ! On imagine la jubilation des chroniqueurs de la première moitié de ce siècle qui s'apostrophaient d'une colonne à l'autre, les Béraud et les Bloy, les Curnonsky et les Allais (Alphonse), les Courteline, les Daudet et les Jeanson, tous les princes fauchés d'une presse omniprésente, où les titres poussaient comme champignons sur le pavé de Paris. Mais la télévision n'existait pas, Gutenberg mangeait encore sa soupe sur la tête de Marconi, *L'Intransigéant* tirait à 800 000 (1918), *Paris-Soir* à plusieurs millions et *Le Matin,* journal sérieux pouvait titrer : « Le mystère de la femme coupée en morceaux reste entier ». Plus tard, Mauriac allait rendre le genre célèbre dans son bloc-notes de *L'Express* et les académiciens du *Figaro* se succéder à la tribune.

La chronique et son ego

Comme son nom ne l'indique pas, la chronique est le royaume du *Je.* Le journal laisse la bride sur le cou à une personnalité qui, dans son espace réservé, donne libre cours à son inspiration, liée au temps (chronos) qui passe, Claude Sarraute, chroniqueuse au *Monde,* s'appuie sur des anecdotes racontées au téléphone par une copine, Poirot-Delpech réinvente les Bouvard et Pécuchet modernes, nostalgiques ou pas de mai 68, Jean Boissonnat feuillette l'éphéméride de la vie économique, Bernard Frank celui des maisons d'édition. Qu'importe le flacon pourvu qu'on ait l'ivresse ! C'est le nom de l'auteur qui compte et son talent.

La chronique, le débutant l'aura deviné, est une rente de situation, que l'on accordait généralement à un écrivain déjà connu. Aujourd'hui, les ▶ page 58

QUELQUES EXEMPLES DE CHRONIQUES

Le chroniqueur est très souvent un écrivain qui, à l'exemple de Mauriac (L'Express), *Giono* (Le Dauphiné libéré) *ou Dutourd* (France-Soir) *utilise la presse pour faire passer ses idées politiques ou sociales. Un des chroniqueurs actuels les plus connus et talentueux est Bertrand Poirot-Delpech. Cet amoureux de la mer consacre ici sa chronique à la défense des marins-pêcheurs qui ne peuvent rêver meilleur avocat.* (Le Monde du *21/4/1993. Extraits).*

DIAGONALES

Selon grosseur

GRANVILLE, 20 avril. L'aide que le nouveau ministre de la pêche promet cette semaine à la profession, après sa visite filmée au Guilvinec, les patrons de chalutiers du Cotentin en riraient plutôt, s'ils n'avaient perdu leur humour ancestral.

« *On n'y tient pas, à leurs subventions, toujours mal réparties,* répètent-ils en chœur. *On ne veut pas devenir des assistés. Simplement, on refuse de mourir !* » C'est dit avec une détresse impressionnante, venant d'hommes au métier de chien, et peu enclins au découragement.

Le marché a eu raison de ces fiers atavismes. En cinq ans, la sole a perdu 10 francs au kilo. L'araignée est tombée de 15 à 3 francs ; le rouget, de 48 à 26. Les raisons de cet effondrement des cours ? Comme pour l'agriculture, l'invasion d'espèces extraites à moindre frais dans le monde entier : raie américaine, saint-jacques japonaise, sole hollandaise, lieu russe *via* la Norvège ; franc fort, dissuasif pour l'exportation.

S'ajoutent, selon les marins, la pression des criées, des mareyeurs, et des importateurs, qui écrasent les prix ; celle des détaillants et restaurateurs qui, en ne répercutant pas les baisses, ont asphyxié la consommation nationale jusqu'à faire du poisson frais, autrefois mets populaire, un produit de luxe en passe de sortir des mœurs.

Les patrons de gros chalutiers se sentent « baisés » – c'est leur expression – d'avoir suivi les recommandations officielles. Plus ils se sont organisés, comme on le leur conseillait, plus ils subissent les réglementations, vétérinaires et autres. Plus ils ont modernisé leur flotte, comme souhaité, plus ils se retrouvent « au rouge » à la banque. A peine tentent-ils de « se refaire » avec la seiche, présente en baie fin avril, les mareyeurs, les voyant venir, cassent les prix.

. . . .

Il n'a jamais été simple de rationaliser des prélèvements qui s'apparentent aux pratiques archaïques de la chasse. En état de crise, cela devient illusoire. Plus les prix s'affaissent, plus les pêcheurs croient pouvoir compenser la baisse par des surcroîts de prises – qui pèsent à leur tour sur les cours et menacent d'épuisement le cheptel naturel.

La perspective de ne plus vivre de la mer – l'Europe exigera d'amputer les inscrits maritimes de 40 % – et de voir les enfants s'en détourner à jamais n'aide pas à se soucier de l'avenir des ressources. Râcler une dernière fois ces fonds familiers et comme familiaux, afin de pousser le gamin vers des études et des vies moins rudes, quitte à ce qu'il ait les mains effilées et blanches comme les pinces qui ont valu à certain crabe le surnom d' « écrivain », quitte à ne plus manger, à neuf milles de Chausey, que du homard ... canadien. (...)

« *Pauvres paysans, ces absents de l'Histoire* », se lamentait Victor Hugo dans *Choses vues*, en 1857. On aurait surpris et désolé le poète, si on lui avait prédit la même extinction, cent ans seulement après sa mort, pour ses chers travailleurs de la mer !

Alexandre Vialatte, avant d'être reconnu comme grand écrivain, donnait ses chroniques à La Montagne. *Personne ne sait, comme Vialatte, parler de la pluie et du beau temps avec une telle verve. (Extrait du 26/3/1963).*

PLAISIRS ET MERVEILLES DU PRINTEMPS

Devoirs d'avril. – Devoirs de l'homme. – Devoirs de la femme. – Souliers en peau de grenouille. – Robe à taille basculée. – Exercices du Carême. – Records de pénitence. – Vacances de pluie. – Fantastique des caves. – Roi des Mille et Une Nuits. – L'argent ne fait pas le malheur. – Il multiplie les fleurs en pot. – Tailleur robot. – Prunes du Cap. – Saveur d'antipode. – Belle médaille de M. Macmillan. – Il fera mieux la fois prochaine. – Grandeur consécutive d'Allah.

Avril est là. Avec ses devoirs urgents. L'homme sérieux visite ses melons et sème le concombre en couche sourde. Il rame les pois, il pince la fève, il taille les marronniers en flûte, il met en terre le cyprès chauve et le tupélo. La mode exige, affreux détail, que « le dos se décolle » et que la femme sacrifie son « buste » pour porter le faux deux-pièces à la « taille basculée ». Elle met des raisins dans ses cheveux ; ses souliers se font en peau de grenouille, en peau de saumon, en peau de vipère, ses bretelles en serpent doré. Le « manteau-sarrau » a des « manches d'emballeur » ; le couturier, paraît-il, les « monte en obélisque ». Comment l'homme résistera-t-il à tant de raisin dans la chevelure, de grenouille, d'obélisque et de serpent doré ?

Par le Carême. Qui purge l'âme et nettoie le corps. L'homme a toujours attaché en effet la plus grande importance à sa santé physique. Il a toujours considéré la vie comme un de ses biens les plus précieux ; mille témoignages en font foi dans le passé ; Léonidas, aux Thermopyles, défendit la sienne par les armes. Et le Chinois, jusqu'à son décès, paie chaque mois son médecin pour qu'il le garde en vie. C'est pourquoi l'homme passe le Carême à boire de l'eau et manger des bouillons d'herbage où trempent des pâtes alimentaires en forme de lettres de l'alphabet. En même temps, pour l'hygiène de l'âme, il lutte contre les tentations. Même quand la femme agite devant ses yeux des cheveux tout ornés de raisins secs et des souliers en peau de grenouille. Il s'assied dans une petite cabane, tout chauve et tout cassé, il s'installe au désert, il vit de sauterelles et de poussière fine, et parfois même, pour se sentir plus seul encore, il monte sur une haute colonne et il y vit sur une seule jambe ; comme le héron ; du moins de profil. Ainsi faisaient les hommes d'autrefois ; ainsi vécut Siméon le Stylite.

Si on l'imite, le 15, on verra de plus loin le coucou qui arrive d'Afrique du Sud, ayant survolé la savane. Le merle et le corbeau couvent leurs œufs verts. Le lièvre de Pâques couve les œufs de Pâques. Les étangs ne demandent plus que peu de soin. On pourra partir en vacances.

La mode, au mois d'avril, est aux vacances de pluie, comme en hiver aux vacances de soleil, en été aux vacances de neige. On choisira un gîte en harmonie avec le charme monotone des longues averses, cher à la comtesse de Noailles. Par exemple une cave de banlieue. Avec vue sur un terrain vague, par un soupirail grillagé. Près d'une usine. On y goûtera une paix profonde. On fera des lectures apaisantes, telles que celle des horaires de la SNCF. On jouira du fantastique et de la température des caves. Peut-être même, avec un peu de chance, un homme se pendra-t-il au-dessus du soupirail. On pourra voir ses jambes balancées par le vent avec un pantalon pied-de-poule sur ses bottes noires. On sera pris de grandes exaltations, peut-être même de ces crises nerveuses que les médecins appellent « mal des spéléologues », car il arrive qu'un long séjour dans les cavernes intoxique comme le chanvre indien. On reviendra affamé de la vie.

Que demander de plus à de modestes vacances ?

*

* *

Elles permettent à l'homme, à son retour, de jouir comme d'un conte de fées de l'existence la plus banale, à condition qu'elle se déroule au-dessus du sol. D'ailleurs, si j'en crois les journaux, nous vivons dans un conte de fées. Le roi Ibn Séoud est parmi nous ; il a 2,05 m de hauteur, deux cents fils, trente frères, trois cents femmes. L'*Aramco* lui verse chaque semaine dix millions de francs 1963. Son palais de huit cents pièces est relié à El Riad, sa capitale, par dix kilomètres d'autoroute jalonnés de quinze mille pots de fleurs. De plus, on vient d'enseigner à Londres le métier de tailleur à un robot : il suffit de lui fournir deux kilos de laine ou de soie, il fait une robe en cinquante minutes. Celui qui l'achète peut se faire confectionner cinquante mille costumes tous les ans. À Paris, autre merveille, on mange des prunes du Cap ; pas plus chères qu'autre chose ; quatre nouveaux francs le kilo. Elles ont, assure Alain Bosquet, « un goût de vertige et d'antipode ». Enfin, M. Macmillan a été décoré par le gouvernement tunisien de la Médaille de la Chasteté.

De troisième classe.

Mais il fera mieux la prochaine fois. Il l'a déclaré aux Communes.

Et c'est ainsi qu'Allah est grand.

Alexandre Vialatte

*De son côté, le Suisse Pierre Leuzinger, qui adore Paris, comme son compatriote Ramuz, nous donne sa version réjouissante de la perte de nos traditions bien françaises. (*L'Hebdo *du 13/12/1990).*

Paris poli

Depuis quelques années, j'éprouve comme un pincement au cœur à chaque fois que j'y retourne. Paris est de moins en moins Paris. Je ne parle ni d'urbanisme ni de trafic mais d'un certain climat, de cette somme d'indications impalpables qui, pour l'étranger de pasage, donnent sa couleur à l'âme d'une ville.

La teinte dominante de Paris semblait être l'insolence. Du moins était-ce le stimulant que beaucoup d'entre nous, consciemment ou non, venaient y chercher.

Après un séjour dans la baignoire suisse, une traversée de Paris avait valeur de brosse à crins, de recyclage à l'agressivité, d'apprentissage accéléré à la lutte pour la vie.

Ça commençait Gare de Lyon, aux guichets du métro. Un ricanement accueillait votre billet de cent balles: «Vous vous croyez à la Banque Rothschild, vous?» L'employé, aujourd'hui, manque toujours de monnaie, mais il s'en excuse. Le taxi ensuite, et son chauffeur pour qui tout était dégueulâââsse: le gouvernement, les bonnes femmes et, bien sûr, le client.

Avec un peu de chance on s'offrait pour 20 francs le parcours et, en prime, un extrait de la revue de Montmartre. Le taxi d'aujourd'hui parle encore, mais au radiotéléphone. Mon dernier chauffeur, qui était une chaufferette, avait la voix d'Arletty. Durant tout le trajet, micro en main, elle a tenté d'expliquer à l'homme de sa vie qu'il pouvait passer ou non à la maison c'était pareil mais que pour la bouffe il fallait qu'il se démerde un peu tout seul, croissants ou sandeviche c'était pareil. Au sortir du taxi, un jeune homme qui courait m'a heurté de plein fouet. Il ne m'a pas engueulé. [...]

Et moi je me dis: ça y est, l'européanisation a déjà frappé, Paris glisse irrémédiablement de la serviabilité à la servilité, de la spontanéité agressive à la politesse automatique et — corollaire — à l'insulte uniformisée.

Un objet électronique, qu'on voit partout dans les innombrables boutiques de gadgets, est venu hélas conforter mes craintes. Ça se nomme «injurator» et ça débite, en rafales ou au coup par coup, des horreurs de calibre standard. C'est fabriqué quelque part en Asie.

Et moi je pleure. Paris, hier encore chef-lieu incontesté de l'invective personnalisée, en serais-tu réduit à importer tes insultes sous forme de prêt-à-porter?

13 décembre 1990

Enfin, Claude Sarraute, a tenu longtemps, à la dernière page du Monde *une chronique où elle apostrophait les lecteurs avec saveur. Ici, elle défend son confrère du* Quotidien de Paris, *Dominique Jamet, licencié pour soutien à François Mitterrand dans un journal de droite. (*Le Monde, *19/12/1980).*

Sur le vif

Pitié pour Jamet

C'est pas pour vous vexer, mais qu'est-ce que vous pouvez être casse-pieds ! Oui, vous ! Pas la peine de regarder par-dessus votre épaule, c'est à vous que je m'adresse, vous les lecteurs. Pourquoi ? Qu'est-ce que vous m'avez encore fait ? Moi, rien. Enfin, si... Vous m'engueulez comme des malades chaque fois que je touche à un de vos tabous. Tiens, par exemple, le 8 décembre, à Lyon, cette campagne contre le SIDA, le jour anniversaire de l'Immaculée Conception. C'est pas ma faute. C'est pas moi qui ai choisi la date. Je constate. Je rapporte un fait. Ça, vous supportez pas. S'ils sont pas dans vos idées, les faits, vous voulez pas les connaître.

C'est pas pour vous informer que vous y aller de vos 4,50 F, c'est pour vous conforter dans vos convictions. Regardez ce qui vient d'arriver à mon confrère du « Quotidien de Paris », Dominique Jamet. Il a joint sa voix au cri d'amour lancé par « Globe » à mon Mimi. A mon avis, il aurait pas dû. Ici, au « Monde », on n'a pas le droit de signer quoi que ce soit en dehors de ces colonnes. Mais, bon, lui, c'est Bernadette à Lourdes. Mon Mimi lui est apparu auréolé de lumière dans la force tranquille du grand rassembleur. Coup de tête, coup de cœur et coup de pied au derrière. Il a été viré. Par ses lecteurs. C'était eux ou lui.

Inutile de jouer les vertus offensées. Ça aurait très bien pu se passer ailleurs. Pas étonnant que dans ce pays la presse soit en perte de vitesse. Forcément, c'est une presse d'opinion. La plupart des journaux, c'est pas des journaux, c'est des tracts écrits par des militants pour des militants. Sous le prétexte fallacieux que l'objectivité totale ça n'existe pas, on joue la subjectivité à fond. On prend parti, gauche, droite. Et on s'y tient. On s'y cramponne. Qu'un édito s'en écarte d'une ligne et, aussitôt, c'est la cabale des dévots.

CLAUDE SARRAUTE.

▶ chroniqueurs sont aussi des spécialistes dont l'esprit de synthèse est précieux, et qui ont la haute main sur leur domaine d'activité : bourse, hippisme, littérature, sport, économie ou politique. Faisant autorité en la matière, ils vont parfois jusqu'à donner des cours magistraux au lecteur.

L'impétrant qui voudra s'y frotter devra donc posséder une culture encyclopédique, un bon sens terrien, une plume originale et un solide coup de fourchette car les chroniques s'attribuent dans les dîners en ville. Une fois titulaire de la chaire, il est à l'abri des jaloux, pour peu qu'un changement de direction ne vienne pas le mettre à pied. Il devra aussi faire preuve de didactisme car il s'adresse, par définition, à des béotiens. Le bon chroniqueur limite l'emploi des sigles et des références historiques. Il utilise des métaphores et des comparaisons, comme s'il essayait d'apprendre à sa concierge les subtilités du taux trop élevé des prélèvements obligatoires. Pour ce faire, il prend appui sur une nouvelle fraîche, qui lui donnera son attaque. Il glose ensuite, en toute liberté de ton et, prudent, ne conclut jamais car cet augure sait la vanité des prédictions péremptoires. La meilleure façon de chuter est d'affirmer : « *La fin de la guerre est donc probable, à moins que les hostilités ne reprennent, ce que certains experts n'excluent pas* ». Restons couverts !

Mais la plus belle chute est celle d'Alexandre Vialatte qui concluait toutes ses chroniques (quel qu'en soit le sujet) par le célèbre : « *Et c'est ainsi qu'Allah est grand !* »

CHAPITRE VII

La critique n'est pas aisée

La critique, naguère genre littéraire, est devenue un genre journalistique, l'un des plus recherchés mais également des plus honnis. Au point que la critique, prise dans son ensemble, comme une addition d'individus (les critiques), est une véritable force morale et économique qui vide ou remplit les théâtres, les cinémas, les librairies et les galeries d'art. La critique est redoutée par tous les artistes. Réussir une œuvre est en effet plus facile parfois que de séduire la critique, laquelle pouvait naguère briser une carrière : il ne fallait surtout pas déplaire aux dix critiques en vue sur la place de Paris. Aujourd'hui, la barrière entre l'œuvre et le succès est d'abord économique et le critique a perdu de son pouvoir, mais il est encore capable de faire une carrière simplement en invitant un auteur sur un plateau de télévision (car tout est spectacle).

Le plaisir du bon mot

Le critique (de télévision, de théâtre, de littérature, de cinéma, etc.) est un individu qui tuerait père et mère pour trouver un bon mot. C'est Henri Béraud qui disait : « La nature a horreur du Gide. » Plus la saillie est courte, plus elle est bonne. On se souvient de ce critique de théâtre qui, à propos d'une pièce médiocre, avait écrit : « L'endroit est désert. Venez armés ! ».

Le jeu de mot a toujours été l'arme favorite des critiques. Encore faut-il ne pas confondre calembour et invective. À l'insulte gratuite, on est en droit de préférer l'humour dont faisait preuve, par exemple, Henri Jeanson qui qualifiait Julien Benda de « passé défini », ou celui d'Alphonse Allais qui, après avoir faussement honoré un de ses anciens professeurs M. Boudin en le traitant de l'inventeur du ressort du même nom, avait rectifié ainsi, à ▶ page 66

QUELQUES EXEMPLES DE CRITIQUES

Boris Vian, dans Combat *du 27/2/1950, se moque des critiques qui profitent des générales pour régler leurs comptes aux auteurs. On sait que Vian a souffert lui-même de l'indifférence — voire de l'hostilité — de la critique à l'égard de ses livres et de ses chansons. Dans un article inédit, de 1948, le même Vian emploie le second degré pour ridiculiser la critique littéraire. Quel talent !*

RÉPONSE À L'ENQUÊTE « FAUT-IL SUPPRIMER LES GÉNÉRALES ? »

1°) Si l'auteur est d'avis qu'il y ait une générale, qu'il en y en ait une lorsqu'il estimera, en accord avec le metteur en scène, que sa pièce est au point.

(Si l'auteur est mort, cela regarde le metteur en scène, le directeur de la compagnie, etc.).

2°) Les premières ? Il est bon pour le théâtre qu'à une même séance soient rassemblés des éléments de publicité susceptibles d'intéresser les journalistes : des gides, des claudels, des politiciens, des bidaults, des trumanes, des critiques, etc.

3°) Si on décide de supprimer les générales, on peut cependant réserver aux critiques une représentation que l'on appellera autrement (le terme « générale » qui évoque la femme du militaire de ce grade où le même militaire inverti sent l'armée et me déplaît comme à tous les hommes à qui répugne le métier de tuer les gens).

Ne pas perdre de vue qu'au cours d'une telle représentation il convient d'isoler les critiques les uns des autres : certains avouent souvent qu'ils ne cherchent pas à critiquer, mais à dire autre chose que leur voisin.

L'exercice de la critique, de toute façon, ne se conçoit actuellement que libre et anonyme. Du point de vue du critique, il est en effet dangereux et peu nécessaire de risquer de se faire embrocher par un cuistre sous prétexte qu'il est plus fort que vous, qu'il a financé la pièce pour y faire jouer sa coquine.

Le critique pourrait opérer sans difficulté et au grand jour, à condition de suivre un entraînement spécial. Malheureusement, il est à craindre qu'il n'abandonne alors la critique pour la compétition, source de joies infiniment plus pures.

4°) Le maintien des critiques est une chose qui ne dépend que d'eux. Cependant, certains critiques aux opinions coulées à l'avance dans le moule indéformable de la doctrine reconnue par la feuille qui les emploie, pourraient sans encombre être remplacés par des mécaniques. Les trois quarts des critiques fonctionnent par comparaison : ils ne décrivent pas ce qu'ils voient, mais le comparent à ce qu'ils ont vu dans leur jeunesse (et cela était mieux parce qu'ils étaient jeunes). Ils n'analysent rien, mais réfutent l'opinion des confrères. Ils ne voient guère – ils se voient. Heureusement... il y a le quatrième quart.

Boris Vian

UTILITÉ D'UNE CRITIQUE LITTÉRAIRE

J'ai promis samedi dernier à Jean-Pierre Dorian un article sur l'utilité d'une critique littéraire. Cette utilité m'est apparue, depuis, tellement indéniable que je ne vais pas perdre mon temps à vous la démontrer ; je vous ferai part, bien plutôt, du projet récent de MM. Jacques Demaux, ingénieur des Arts et Manufactures, et François Cottenot, futur interne des hôpitaux de Paris. Ces derniers rassemblent actuellement la documentation qui servira de base à un des ouvrages les plus importants de la science française depuis l'étonnant mémoire sur la Pogonotomie ou l'Art de se raser soi-même publié par le sieur Dusuel, fabricant de cuirs à rasoir, sur le Pont-Neuf, adossé à la grille d'Henri IV, à Paris en 1789 : le Traité encyclopédique du nombril, avec les photographies des ombilics contemporains les plus célèbres, et bien d'autres études dont je ne peux vous dévoiler les mystères pour l'instant. Le nombril, sur lequel tant de penseurs se sont penchés, n'a jamais donné lieu à un travail récapitulatif de ce genre ; et une des hypothèses hardies émise par un des chercheurs est que l'investigation du nombril, produit du hasard, doit se révéler un moyen d'approcher la valeur du nombre pi : il suffit d'imaginer une expérience analogue à celle de l'aiguille de

Pascal pour concevoir la profondeur de cette observation. Le traité sera naturellement complété par un chapitre où l'on enseignera l'art de maquiller et d'apprêter le nombril pour développer sa personnalité et accroître ainsi le charme de cet élément, quelque peu dédaigné, de notre physique. « Montre-moi ton nombril et je te dirai qui tu es », tel pourrait être le sous-titre de l'ouvrage de MM. Demaux et Cottenot, dont l'utilité n'échappera à personne ; d'ailleurs l'utilité de la critique littéraire ne saurait non plus vous échapper.

Boris Vian

Jean Contrucci, dans L'Événement du jeudi *du 8/7/1993, démolit un film rediffusé pour la centième fois à la télévision.*

Fernandel et Bourvil dans une farce déjà servie et resservie.

Recette pour faire revenir un navet

par Jean Contrucci

« LA CUISINE AU BEURRE »
F2, 20 h 50

Prenez un prisonnier en Allemagne qui s'évade grâce à une vache. Qu'est-ce que je raconte ? Je me suis trompé de livre de cuisine ! Il n'y a pas de vache dans cette recette, mais Anne-Marie Carrière dans le rôle tout en nuances d'une *Gretchen* autrichienne.

Pourtant, il y a un prisonnier. J'en suis sûr. Et c'est le même : Fernandel ! D'où ma confusion. Ce prisonnier-là a un peu traîné en route pour rentrer de captivité, c'est parce qu'il est comme un coq en pâte avec la *Gretchen* qui l'a recueilli, et n'est pas pressé de retrouver son emmerdeuse de femme.

Pourtant, il se décide et, quand il arrive chez lui, il retrouve sa moitié mariée à un cuisinier normand. Et qui tient le rôle du cuisinier normand ? Je vous le donne en mille : Bourvil !

Enfin, voici réunis sur la même affiche « les deux plus grands comiques français du moment ». Vous êtes gâtés. Si, au lieu de tourner *la*

Cuisine au beurre, ils avaient eu l'idée de refaire *les Trois Mousquetaires,* on avait de Funès en prime !

Les avatars du duo « comique » et de ses faire-valoir nous valent une heure trente d'âneries habituelles et de surenchère dans le cabotinage grimacier. C'est ça qui déclenchait à l'époque les rires agricoles de la France cinématographique profonde, à la séance du samedi soir. Et ces deux talents furent les fournisseurs attitrés de ces clients-là. Aujourd'hui, leurs enfants ne sortent plus pour aller au cinéma, on sert donc la soupe à domicile.

Pour touiller la sauce de cette farce lamentable : un spécialiste de la cuisine de collectivités, Gilles Grangier, grand habitué des « kolossables plaisanteries » déjà rodées avec Gabin dans *Archimède le clochard, le Gentleman d'Epsom* et *les Vieux de la vieille.*

On hésite sur le diagnostic : est-ce l'indigence du scénario qui rend les cabots si mauvais ou bien la médiocrité de leurs prestations fait-elle tourner la sauce de ce brouet cinématographique ? À vous de goûter pour le dire.

Pour inciter le chaland à entrer dans la gargote et à passer à table, on nous annonce une *Cuisine au beurre* « colorisée ». Sans doute un responsable des programmes s'est-il trompé d'émission. C'est Jean-Pierre Coffe qui assure que le goût des navets passe mieux quand on les fait revenir dans du beurre pour leur donner des couleurs...

Jean Contrucci

Plus méchant encore, Gérard Lefort, dans Libération, *du 29/9/1993, fait un sort au dernier film de Claude Berri,* Germinal, *qu'une promotion omni-présente a desservi.*

Le dernier Berri

Film ethno-musée des arts et traditions populaires, «Germinal» de Claude Berri sort ce mercredi. Il a coûté très cher: ça ne se voit pas.

À la surprise générale de l'attaché de presse qui n'en demandait pas tant, nous allâmes à *Germinal* en famille et en chanson : lundi matin, l'empereur, sa femme et le petit prince... 160 minutes plus tard, nous en ressortîmes grognons comme au retour d'un pique-nique merdé, mais sapristi quelle sacrée surprise ! même pas haineux, juste un brin agacés que Claude Berri nous ait ainsi kidnappé 160 minutes de notre vie. La question se pose donc comme suit : mais qu'est-ce qui lui arrive à notre Claude Berri national pour qu'il n'ait même plus l'heur de nous exaspérer, ou à tout le moins de nous donner envie de prendre le maquis ?

En fait, il lui arrive avec *Germinal* ce qui arriverait si Paul-Loup Sulitzer avait réécrit *A la recherche du temps perdu*. Mais ça n'est même pas vrai. Puisqu'au moins avec l'impayable Paul-Loup, quelle pochade à l'horizon, sans compter les sept pages couleurs (une par partie) dans le *Paris Match* et le spécial Proust dans *Star 90*. Mais là ma foi, non merci, juste une légère migraine suite à un petit gros film, tellement rasoir double lame que l'on en vient même à rengainer (...) toutes les bonnes ou mauvaises blagues qu'on lui avait bricolées : Dézolant, Germinable, Mine de rien, les Bougon-Macabre, Coup de grisouille, Un plat de Lantier, Claude Terril, Détournement de mineurs. Que ce très mauvais film ne donne même pas des idées pour nuire à sa bêtise est sans doute le symptôme majeur de sa vacuité radicale. Cela dit, Claude Berri a quelques circonstances atténuantes. D'abord, avec *Germinal*, le suspense est limité puisque tous les écoliers de France parvenus jusqu'à l'épreuve de français de la classe de première (littérature du XIXe siècle) savent bien, même sans l'avoir lu, que *Germinal* finit mal. Secundo, et conséquemment, c'est une histoire triste. Et sauf à vouloir, tête folle, y incruster des intermèdes publicitaires : pour la lessive qui élimine les taches de houilles les plus rebelles, il n'y a pas à sortir de là : c'est triste. Tertio, pour persister dans un registre lavable en machine : le charbon c'est noir et c'est pas commode à rendre en couleurs. Quarto, essorage de première : la classe ouvrière n'existe plus. Ce n'est pas seulement Berri qui le filmc, c'est Balladur qui doit le penser (pfuiiit et re-pfuiiit : comme si les ouvriers en avaient jamais eu, de la classe), c'est le Parti communiste des travailleurs qui le confirme, et gageons qu'au moins 64 % des Français leur font confiance. D'où l'option parfaitement synchrone choisie par Berri : faire de *Germinal* un gigantesque ethnomusée des arts et traditions populaires, mémoire de la mine et autres week-ends en corons comme si vous y creviez (le coup de grisou est cependant en option). Et l'on dit que le décor du film devrait (...) servir de cadre à un futur mémorial du Valenciennois. Mais comment vont-ils appeler ça ? : le Proloscope ? Le Zola-land ? Euro-Berri ?

Cette reconstitution héroïque et brocanteuse (même la bouse semble avoir été chinée au Louvre des antiquaires), consolante et pacificatrice, réaliste et sociale, donne au film son étonnante patine vieillotte, académique, pour tout dire sa teinture soviétique. Mais comme il y est aussi question des bourgeois et de leur bourgeoisie, Claude Berri réintègre des valeurs nettement moins internationalistes et rédime le beau patrimoine de notre télévision française quand elle se fait dramatoc. Et que je te filme comme à 20 h 45 les déjeuners aux écrevisses, les virées champêtres et les bonnes œuvres de toutes ces grandes dames du Nord. Bref, entre Balladur et Bondartchouk, *Germinal,* c'est *le Château des oliviers* à la fête de l'Huma.

Et pour finir, les acteurs dont on a raison de craindre le pire, puisque le pire arrive : Renaud toujours au bord de nous en pousser une petite à tout bout de tirade. Et Depardieu, maman-chérie ! Et Miou-Miou, pôvre ! qui doit se traîner un poupon piégé tout le film, et qu'on imagine à sa place qu'il y a beau temps qu'on l'aurait fourgué dans un puits désaffecté. Et Jean-Roger Milo, clone de Bohringer qui exorbite à un tel point de non-retour ophtalmologique qu'il en rendrait (...) Bohringer regardable. Et Laurent Terzieff dans le rôle de Sacha Pitoëff. Et Jean Carmet, qui, lui, a le bol de récolter le rôle du papé gaga, ce qui lui permet de rendre sexy une attaque d'hémiplégie.

Etc., etc., puisqu'aussi bien, on peut imaginer (les paris sont ouverts à peu de frais) qu'en les bricolant à peine, on les retrouvera tous jusqu'à la lie, qui en Jean Valjean, qui en Monte-Cristo ou en d'Artagnan.

Bon, mais quand même : *Germinal* a coûté bonbon, on le sait puisque c'est une des intimidations qui sert de promotion au film, et qui plus est, ça a coûté bonbon français. À cet égard il n'est guère étonnant qu'en pleine exaltation de saison sur les accords du Gatt et « l'exception française », tout le politique entonne, sur l'air de « ils n'auront pas l'Alsace et le Berri », que c'est quasiment un devoir civique d'aller voter pour *Germinal* contre *Jurassic Park*. Là-dessus, deux ou trois choses à dire : d'abord que question exception culturelle, il y a d'autres exemples que ce *Germinal* qui nous viennent spontanément en tête. Deuxièmement que si la comparaison se faisait entre Spielberg et Berri, rien qu'à l'énoncer, et sans rien présumer du contenu antipathique de *Jurassic Park,* déjà ça fait sourire. Disons que si la copie Berri avait approché en l'état le système des studios hollywoodiens, elle n'aurait sûrement pas dépassé une secrétaire de la Warner.

Enfin, tout ce fric, c'est simple, ne se voit pas. On va à *Germinal* comme on va chez Fauchon pour un samedi après-midi d'hystérie consumériste : pour acheter un truc cher et triste. Sauf qu'en rentrant à la maison, on s'aperçoit qu'il y a le même truc au Franprix du coin : nettement moins cher mais toujours aussi triste. **Gérard Lefort**

la demande de l'insulté : « Contrairement à ce que nous avons écrit dans notre précédent numéro, M. Boudin n'a jamais rien inventé. Même pas le ressort qui porte son nom. »

L'esprit humain est ainsi fait que les mots vachards arrivent plus aisément sous la plume que les mots d'amour. À dire vrai, l'exercice est tentant, surtout lorsque les auteurs se prennent pour des messies. Mais il ne faut point abuser des critiques assassines.

En vidant les salles, on finit par scier la branche sur laquelle on est assis. De même, l'écrivain qui a eu la chance d'être édité ne pourra pas publier un second bouquin s'il n'a pas une seule bonne critique. Comment le lecteur, submergé de sollicitations d'achat, s'y reconnaîtrait-il, dans le capharnaüm des librairies ? Le journaliste devra donc manier l'anathème et la perfidie avec mesure, en songeant que la vie d'un créateur est parfois aussi importante que les bravos de ses confrères.

La critique positive

Il existe une façon plus constructive de critiquer une œuvre, mais aussi plus difficile, qui consiste à expliquer, à mettre en rapport, à détailler (sans pédanterie) le contexte, les tenants et les aboutissants. Bref, à donner envie de lire ou d'aller au cinéma. On se gardera bien de dire le nom de l'assassin dans le roman d'Agatha Christie, mais on pourra comparer le style de l'écrivain avec celui de ses prédécesseurs, replacer l'intrigue dans son contexte social, mettre en exergue les qualités du roman policier anglais, déboucher sur Léo Malet, San Antonio, David Goodis ou Jean-Patrick Manchette, bref, dresser une fresque légère du polar moderne, dont le lecteur sortira enrichi. De même, au cinéma, on évitera de détailler le scénario du dernier film de Godard (ce qui serait d'ailleurs difficile), mais on pourra l'opposer à ses œuvres de jeunesse, expliquer ce qui fait son originalité.

Les pièges qui guettent le critique sont l'autosatisfaction, la vacuité du discours et le didactisme. Finalement, la meilleure façon de critiquer, c'est d'être sincère. Sincèrement révolté par la nullité de l'œuvre ou sincèrement emballé par sa beauté. La sensibilité, en l'occurrence, du journaliste prendra le pas sur son sens critique et la passion sur la raison. Comme disait ce journaliste en terminant sa critique (très favorable) d'un film de Jacques Rivette : « L'amour fou est un pléonasme. »

Dans tous les cas, bien luné ou mal réveillé, le critique a une obligation : le style. Chaque mot compte. Le journaliste – qui est souvent un auteur rentré – doit se mettre à la hauteur de sa cible ou de son modèle. On ne lui pardonnerait pas une redondance ou une tautologie*. La plupart des critiques sont par ailleurs d'anciens ou de futurs écrivains. Le meilleur exemple en est Paul Léautaud, l'anachorète atrabilaire qui terrorisait les directeurs de théâtre dans *Le Mercure de France* et mourut en 1956 sans avoir publié les 18 tomes de son fameux *Journal littéraire*. Mais où sont les Léautaud modernes ?

* Pour plus de détails, se reporter au guide : *La critique des spectacles*, aux Éditions du CFPJ.

CHAPITRE VIII

L'article d'analyse

Un numéro de quotidien bien construit voit alterner les articles d'information pure (compte rendu, interview, brèves et filets) et les articles d'analyse, abusivement confondus parfois avec des éditoriaux.

Dans l'analyse, le journaliste, généralement le chef du service concerné, ne prend pas personnellement parti, n'engage pas la responsabilité du journal. Il se contente de donner un point de vue qui dépasse la simple lecture des faits et éclaire le lecteur. Pour ce faire, il doit disposer d'une bonne documentation afin de mettre en relation les discours et rendre lumineux l'aspect caché des enjeux. C'est un peu l'antidote de la langue de bois ou du double langage pratiqués un peu partout.

Cet article d'analyse n'est pas polémique. Mais il est inutile de s'y lancer sans avoir une culture au quotidien du sujet abordé, sous peine de sortir des réflexions banales que le lecteur non initié pourrait faire tout seul. Tout bon sens mis à part, il convient, pour une analyse pertinente, d'avoir « de la bouteille ». L'analyste est celui à qui « on ne la fait pas », qui déjoue les pièges de l'information-propagande, qui valorise les associations d'idées.

EXEMPLE D'UN ARTICLE D'ANALYSE

À côté des informations du jour qui résument les différentes positions des intéressés et donnent les faits, sans commentaires, Olivier Biffaud, dans Le Monde *du 28/9/1993, analyse la « guerre » entre Chirac et Balladur. Cet article d'analyse permet au lecteur d'avoir une synthèse de la situation et l'aide à mieux comprendre les enjeux.*

Compromis inégal

par Olivier Biffaud

IL fallait mettre un terme public à la dérive. Montrer à l'opinion que l'émulation, ce n'est pas forcément la guerre. Assurer aux parlementaires, aux députés surtout, qu'ils n'auraient pas, six mois à peine après les élections législatives, à entrer dans une nouvelle compétition afin de se ranger derrière l'un des deux protagonistes.

La consigne était claire : dédramatiser, rassurer et baliser. En un mot, assumer. Le message délivré par les dirigeants néogaullistes devait se lire simplement : il y a un problème, mais on vit avec lui sans en faire un monde ; il est malséant d'en faire le centre des activités du RPR car il n'intéresse pas les Français, confrontés à des difficultés d'une autre ampleur ; le temps se chargera bien de résoudre la question de la concurrence entre Édouard Balladur et Jacques Chirac.

Pour tenter de parvenir au résultat escompté, les efforts n'ont pas été ménagés. Le Premier ministre et le président du RPR se sont promenés côte à côte, en se donnant un air naturel, le long des quais du port de La Rochelle. L'image forcée était pour l'opinion publique. Pour les parlementaires, chacun des deux hommes a réservé un discours écrit de sa propre main, qui pouvait donc permettre d'évaluer les talents du moment et les lignes de conduite pour l'avenir. Là encore, une volonté était affichée : faire la paix, établir une trêve, reprendre son souffle.

Le résultat le plus tangible de ces journées parlementaires est que MM. Balladur et Chirac ont implicitement signé un compromis. Tout porte à croire, cependant, que ce compromis est inégal. Si les deux acteurs ont été brillants, l'un l'a été plus que l'autre. Si les deux acteurs ont convaincu leurs auditeurs, l'un a été plus convaincant que l'autre. Si les deux acteurs se sont donné une dimension de patron, les parlementaires ont parfaitement compris qu'il n'y avait de place que pour un seul. À bien y regarder, le compromis s'organise par la force des choses, dans sa quasi-totalité, autour du Premier ministre. M. Chirac a beau dire qu'il a choisi la liberté en évitant de signer, une troisième fois, un bail de deux ans à l'hôtel Matignon, pour ne pas être soumis à la pression quotidienne de la gestion, il n'en est pas moins contraint d'apporter, publiquement, un soutien qu'il dit *« sans faille »* à celui qui assure, devant la gravité de la situation, qu'il ne pouvait se *« dérober »*.

À ceux qui voudraient, comme le président de l'Assemblée nationale, Philippe Séguin, le cantonner dans le rôle de chef d'un *« gouvernement de transition »*, M. Balladur répond que son ambition est de *« travailler pour la longue durée »*. Cette aimable mise au point ne vaudrait-elle pas également pour le maire de Paris, qui se rêve donnant *« un nouvel essor à la France »* grâce à l'imagination, l'audace et le courage ? Trois qualités que le Premier ministre revendique pour son gouvernement qui, selon lui, a apporté le changement tranquille qu'attendent les Français. *« Vous pouvez en juger depuis six mois, vous en jugerez encore davantage dans six mois »*, glisse M. Balladur en se souciant comme d'une guigne des considérations sur la liberté d'esprit et d'action.

On peut bien prendre le problème dans tous les sens. Le pouvoir est à Matignon et pas à l'Hôtel de Ville. Les équipes sont ici, elles ne sont pas là.

➡

Le système d'encerclement contre la solitude du coureur de fond. Le compromis ne sera pas éternel car la réalité rattrape toujours la fiction. Et pour le RPR, la réalité la plus proche portera bientôt les initiales du GATT. Avec la campagne qu'il a menée lors des législatives, M. Chirac a placé la barre très haut. Se contentera-t-il alors d'un second compromis dont les agriculteurs ne manqueront pas de rappeler, aux regards des espérances chiraquiennes soulevées, qu'il est inégal ? C'est à ce moment que le soutien *« sans faille »* pourrait bien en laisser apparaître une, ouvrant ainsi une fenêtre, peut-être l'ultime, au président du RPR.

Olivier Biffaud

CHAPITRE IX

La revue de presse

Tous les journalistes se livrent chaque matin aux aurores à la plus délicieuse des corvées : dépouiller la presse et se repaître des bons mots ou des inepties de leurs confrères et chers amis. Certains d'entre eux ont le privilège de « publiciser » leurs propres commentaires en réalisant des revues de presse. Ce genre, naguère très répandu, est davantage utilisé aujourd'hui à la radio que dans la presse écrite où l'on hésite à faire une publicité gratuite aux concurrents. On le retrouve cependant à l'occasion d'un événement majeur, lorsque les opinions des médias deviennent en elles-mêmes une information (à la veille d'une élection importante).

Le matériel est le suivant : une paire de ciseaux, plusieurs feuilles de papier et une dizaine de quotidiens et d'hebdos. Sélectionner deux ou trois (maximum) sujets d'actualité. Découper les meilleurs commentaires des éditorialistes. Les relier entre eux au moyen de notes manuscrites (courtes) qui serviront de liant à la sauce. Ajouter du sel et du poivre en faisant comprendre au lecteur que vous appréciez ou désapprouvez les opinions de vos confrères. Servez chaud en gardant pour la chute la saillie la plus pertinente ou la plus insolite, qui résumera le fond de votre propre pensée.

Une bonne revue de presse doit néanmoins faire état d'un panorama objectif de la presse et ne pas donner la parole à une seule tendance. C'est la pluralité des sons de cloche qui fait l'harmonie d'un grand orchestre.

CHAPITRE X

Conseils à une plume de vipère

Les genres de commentaire sont ceux dont le commerce est le plus agréable, mais le journaliste n'y a généralement accès qu'au dessert de sa carrière. Le débutant devra donc patienter, à moins qu'un génie précoce ne l'habite, à l'image de Picasso qui obtint son diplôme de sortie en passant l'examen d'entrée à l'école des Beaux-Arts.

Cassons les pattes à un canard : il n'est pas infâmant de rester coi devant la feuille blanche, lorsque l'on aborde les genres de commentaire. Mieux vaut d'ailleurs s'abstenir que pondre un laborieux pamphlet, ressasser des idées reçues ou écrire un billet à chute plate. La recherche de l'information objective et sérieuse, l'enquête aux sources vérifiées, la mise en page claire et lisible sont aussi — sinon plus — difficiles que l'écriture d'un commentaire. L'ennui naquit un jour de l'uniformité, et c'est le mélange des genres qui fait la richesse d'un journal.

Autre truisme : qui dit commentaire ne dit pas licence. Il est bon d'observer certains usages dont le non-respect peut mener soit au tribunal, soit au ban d'infamie.

On ne s'en prend pas au physique de sa victime

Il est parfois tentant, à bout d'arguments, de stigmatiser la petite taille, ou l'obésité, ou l'aspect dégingandé, ou la calvitie, ou toute autre tare physique de tel ou tel de ses adversaires. Les députés eux-mêmes s'y laissent aller, qui avaient traité de « nain sectaire » le député de Saint-Nectaire, qui mesurait moins d'un mètre soixante. Plus loin de nous, le polémiste catholique Louis Veuillot s'était attiré de l'opposition anti-cléricale ce sonnet vengeur :

O Veuillot, face immonde encore plus sinistre
Laid à faire avorter une ogresse, vraiment
Quand on te qualifie et qu'on t'appelle cuistre
Istre est un ornement.

Personne n'oserait plus aujourd'hui, même au *Canard,* jouer ainsi sur les mots. On peut en effet tout reprocher à un homme public, banquier, politicien ou écrivaillon, sauf ses caractères génétiques et la difformité afférente. La caricature, basée sur l'exagération des traits, est un art de dessinateur ou de marionnettiste. Mais on sait l'usage qu'en avaient tiré les propagandistes antisémites.

Le chroniqueur ou le pamphlétaire se bornera donc à stigmatiser les faits et méfaits de sa cible en puisant dans le bêtisier abondant du beau et demi-monde.

Ce qui intéresse le lecteur, c'est d'ailleurs d'entrer en connivence avec le journaliste, lequel saura démonter une pièce de théâtre, faire voir la nullité sous le strass, sonder le creux d'un roman, ou mettre en évidence les contradictions d'un démagogue.

Pas touche à la vie privée

Certaine presse britannique se nourrit de ragots de fond d'alcôve qui sentent davantage la poubelle que N° 5 de Chanel. Cette déformation a heureusement à peu près épargné la presse française. Seul le cabaret — en perte de vitesse — fait encore ses choux gras de l'infidélité, du cocuage, et autres grivoiseries bien françaises. D'ailleurs, en France, pays à l'abri du puritanisme anglo-saxon, le fait d'être porté sur la gaudriole est plutôt à mettre au crédit d'un homme politique. C'est un signe de bonne santé. Inversement, on se méfiera d'un élu à qui l'on ne connaît aucune aventure et qui préfère se pencher sur ses dossiers que sur les divans. La mort du président Félix Faure ou celle du cardinal Daniélou ont réjouit des générations de Français, qui ont pardonné aussi au président Le Troquer ses appétits de jeunesse(s). Quant à l'homosexualité, il y a longtemps qu'elle est passée dans les (bonnes) mœurs...

Non : le chroniqueur, aussi féroce soit-il, se limitera à la vie publique de son souffre-douleur. Il tiendra pour basses les allusions à la vie privée, qui peuvent aussi conduire au tribunal, même si, dans ce domaine, les poursuites contre la presse, devenues rares en 1974 sont quasi-inexistantes depuis 1981. Les hommes politiques ont compris qu'intenter un procès à un journaliste, c'était lui faire de la publicité et risquer de mettre l'accent sur un article qui était passé inaperçu.

Soignez votre documentation

Une humeur, un pamphlet, un édito, comme les autres genres journalistiques, ne peut se passer d'une documentation solide. Le chroniqueur de cinéma, par exemple, est généralement une encyclopédie vivante, une chouette de salles obscures, qui vous dira, sans consulter ses notes, que la sœur de Greta Garbo avait été mariée au cousin d'Ingrid Bergman et avait obtenu un rôle muet de trente secondes dans un documentaire sur les pâtes dentifrices, tourné par Groucho Marx à vingt ans !

C'est précisément la profondeur de cette culture qui assure la crédibilité de l'auteur, lequel est ainsi capable de procéder à des comparaisons enrichissantes. Il ne faut pas croire qu'une humeur est un jet de venin qui sort, tout armé, de la cuisse de Jupiter, sans biscuits dialectiques. Il vous faudra donc disposer de tous les éléments documentaires pour étayer vos arguments :

- les discours des hommes politiques (et leurs livres) depuis dix ou vingt ans ;
- un résumé de leur carrière et les sens suivis par ces girouettes ;
- leurs déclarations péremptoires et contradictoires ;
- une bonne connaissance des œuvres des auteurs dramatiques, cinéastes, comédiens et autres histrions. Il est bon, par exemple, de savoir que c'est Breton qui a surnommé Salvador Dali : « Avida dollars », superbe anagramme ;
- un ou deux dictionnaires spécialisés : rimes, argot, analogies.

CHAPITRE XI

Exorde pour un libelle

Le regretté Claude Darget saluait ses confrères de la télé d'un inévitable : « Bonjour, Claude Darget, journaliste libre ». Il est vrai qu'à l'époque les thuriféraires étaient légion dans les couloirs de Cognac-Jay. L'esprit primesautier des commentaires de Claude Darget lui valait beaucoup d'inimitiés et un fauteuil dans un placard.

Il va de soi qu'un amateur de commentaires est condamné à la polémique. Il vit sur un siège éjectable. Si vous aspirez à une carrière confortable et aux bons points de la retraite, évitez les genres de commentaire. Il se trouvera toujours, même dans un journal militant, un rédacteur en chef qui jalousera votre humeur, jouera des ciseaux et vous désignera la sortie.

De plus, l'humour (ou l'irrespect) est une vertu peu pratiquée dans les cercles du pouvoir, où l'on n'ignore pas qu'il est une arme nucléaire. Enfin, les lecteurs, habitués à prendre pour argent comptant ce qu'on leur donne à lire, sont les premiers à désigner à la vindicte publique celui qui leur parle au second degré.

Le pamphlétaire dérange. Aujourd'hui, il vit en liberté et échappe aux prisons de jadis. Il n'est plus contraint à l'exil comme Hugo ou Voltaire. Il ne meurt plus bizarrement comme Zola. Il ne se bat plus en duel comme les Montmartrois de naguère. Mais il reste un mouton noir dont les idées méphitiques sentent le soufre.

D'où vient la tradition française pour cette prose d'irrespect dont les porte-drapeaux célèbres furent Henri Rochefort *(La Lanterne)*, Émile Pouget *(Le Père peinard)*, les esprits libertaires, mais aussi Peguy, Bloy, Maurras et autres Daudet ? Sans doute de la littérature. La plupart des trublions qui ont pratiqué ces genres journalistiques étaient des écrivains qui trouvaient dans les libelles et feuilles satiriques (très nombreuses avant 1939) matière à intervenir dans le champ social et politique.

▶ page 82

EN GUISE D'EXORDE

Les risques de l'humour sont résumés dans cette réjouissante chronique de notre confrère suisse, Michel Audétat, dans L'Hebdo *du 23/9/1993. Mais qu'il se rassure : si le territoire de l'humoriste se réduit à une peau de chagrin, le petit village d'Astérix résiste encore...*

COMMENTAIRE

Michel Audétat

Ne rigolez plus, les puritains veillent

Les Beadochons n'ont pas de chance: si la renommée fond brutalement sur eux, c'est pour les envoyer non au Top 50 mais devant le juge. Le 29 septembre prochain, ce groupe de rock parodique comparaîtra devant le Tribunal de grande instance de Paris, traîné là par un groupuscule de milliardaires à qui ils ont déplu. Les Beatles et leurs ayants droit (Paul McCartney, Yoko Ono, les deux petits Lennon et les éditions MCA/Caravelle Musique) ont en effet jugé irritant leur album pastiche «Quatre Beadochons dans le vent». John Lenine, Giorgio Harissa, Paul Maque Armé et Ringo Tare traduisent «Let it be» par «Les petites bites»; ce n'est pas bien, et on s'est chargé de le leur faire comprendre.

Outre cette mentalité à ras le tiroir-caisse que le rock-business ne prend plus la peine de dissimuler, l'anecdote révèle aussi que l'humour se sent un peu à l'étroit dans notre époque. Le voilà désormais à la merci de pisse-froid aussi sympathiques que le Dow Jones un soir de krach, qui font donner la meute des avocats à peine suspectent-ils un de leurs droits égrati-

Ne rigolez plus...

gné. Sale temps pour les humoristes... Les plus férocement rigolos ont déjà quitté le navire et ceux qui restent ne doivent pas se sentir bien: on leur consacre des «Marches du siècle», on les presse de questions, on les regarde déjà comme une espèce en voie de disparition.

Il faut avouer que le métier est devenu peu fréquentable depuis le suicide de Bérégovoy. Si un premier ministre a ainsi passé l'arme à gauche (à défaut de sa politique) en laissant une ardoise pas nette, ce n'est sûrement pas à cause de ses faiblesses coupables ou du financier Roger-Patrice Pelat, mais à cause des «Guignols» de Canal Plus. Telle est du moins la savante explication servie par un ministre d'Etat en exercice (François Léotard) qui, ayant eu à choisir entre les ordres monastiques et le parti républicain, n'a jamais beaucoup eu, il est vrai, le cœur à rire. La chose pourrait néanmoins demeurer poilante si, ici ou là, on ne l'avait fait passer pour la vérité ultime sur la criminalité médiatique. Et la vague de suicides en Italie, c'est à cause du caricaturiste de «La Repubblica»?

Quand s'ajoutent à cela les croissants ravages d'un esprit «politiquement correct», on peut craindre que les territoires de l'humour finissent par se réduire comme ceux de la Bosnie musulmane. Avec ce nouveau puritanisme craignant les mots plus que la réalité et, de ce fait, peu disposé à la rigolade, il ne sera bientôt licite de rire que dans la mesure où cela n'offense la dignité d'aucune communauté. On pourra bien sûr continuer à rigoler du pauvre type qui tombe dans une bouche d'égout. A condition que ce ne soit ni un Afro-Américain, ni un nain, ni une femme, ni une «personne à sobriété différée», ni même le roi des Belges. Quand tout le monde se protège, l'humour ne se pratique plus qu'avec un préservatif. Et ça ne lui donne pas un air avenant.

Voilà qui ne fait pas l'affaire de l'humour véritable qui, de Rabelais à «Hara-Kiri», n'a jamais craint de dépecer, de mettre à vif, de prendre ses aises avec les tabous. Certes, on peut encore rire de deux ou trois choses. Des farces dispendieuses de «Surprise sur prise» si l'on possède la télé et si l'on n'est pas trop exigeant. Du président Clinton (mais franchement, est-ce qu'on en a envie?). Ou des Japonais parce que, allez savoir pourquoi, tout est permis avec eux, même le racisme. C'est donc de ce côté-là qu'on conseillera aux Beadochons de se tourner s'ils ne veulent pas froisser d'anciens garçons dans le vent qui, aujourd'hui encore, prouvent qu'ils en ont plein la tête.

► C'est le père du mouvement Dada, Tristan Tzara qui affirmait : « Il n'y a que deux genres, le poème et le pamphlet. » Les deux faces du Janus littéraire.

Bibliographie

● Sur la presse et les journalistes

ALBERT Pierre, *La presse (8e édition)*
PUF, coll. « Que sais-je ? », Paris, 1988

ALBERT Pierre et TERROU Fernand, *Histoire de la presse (8e édition)*
PUF, coll. « Que sais-je ? », Paris, 1985

BELLANGER Claude, GODECHOT Jacques, GUIRAL Pierre et TERROU Fernand, *Histoire générale de la presse française (5 volumes)*
PUF, Paris, 1969, 1972, 1974, 1975, 1976

CHARON Jean-Marie, *La presse en France de 1945 à nos jours*
Le Seuil, coll. « Politique », Paris, 1991

FERENCZI Thomas, *L'invention du journalisme en France*
Plon, Paris, 1993

GAYAN Louis-Guy, *La presse quotidienne régionale. Le premier média de France*
Milan-Média, coll. « Écomédia », Paris, 1990

GUÉRIN Serge et POUTHIER Jean-Luc, *La presse écrite, 1992-1993*
Éditions du CFPJ, Paris, 1992

GUÉRY Louis, *La presse régionale et locale*
Éditions du CFPJ, Paris, 1992

GUILLAUMA Yves, *La presse en France*
Paris, La Découverte, 1988

MATHIEN Michel, *La presse quotidienne régionale*
PUF, coll. « Que sais-je ? », Paris, 1983

MÉJAN Robert, *La presse quotidienne*
Precepta, Paris, 1989

du ROY Albert, *Le serment de Théophraste. L'examen de conscience d'un journaliste*
Flammarion, Paris, 1992

SAUVAGE Chrisitan, *Journaliste, une passion, des métiers*
Éditions du CFPJ, Paris, 1988

VOYENNE Bernard, *Les journalistes français*
Retz/CFPJ, Paris, 1985

● Sur l'écriture de presse

BOUCHER Jean-Dominique, *Le reportage écrit*
Éditions du CFPJ, Paris, 1993

FLORIO René, *L'écriture de presse*
Trimédia, Lille, 1984

HERVOUET Loïc, *Écrire pour son lecteur : guide de l'écriture journalistique*
École supérieure de journalisme, Lille, 1979

PRÉDAL René, *La critique des spectacles*
Éditions du CFPJ, Paris, 1988

VOIROL Michel, *Guide de la rédaction*
Éditions du CFPJ, Paris, 1993

● Sur le droit de la presse

BILGER Philippe et PREVOST Bernard, *Le droit de la presse*
PUF, coll. « Que sais-je ? », Paris, 1989

BLIN Henri, CHAVANNE Albert et DRAGO Roland, *Traité du droit de la presse*
Librairies techniques, Paris, 1988

ESJ/CFPJ, *Les droits et les devoirs du journaliste. Textes essentiels*
Éditions du CFPJ, Paris, 1992

FRIEDMAN Michel, *Ce que tout pigiste doit savoir*
Éditions du CFPJ, Paris, 1990

FRIEDMAN Michel, *Libertés et responsabilités des journalistes et des auteurs*
Éditions du CFPJ, Paris, 1991

FRIEDMAN Michel, *Les droits de réponse*
Éditions du CFPJ, Paris, 1994

GATINEAU Jean-Claude et SOLAL Philippe, *Dictionnaire juridique : presse écrite, parlée, télévisée*
Dalloz, Paris, 1980

Abrégé du droit de la presse
Éditions du CFPJ, Paris, 1994

● Divers

BACHMANN Philippe, *Communiquer avec la presse écrite et audiovisuelle*
Éditions du CFPJ, Paris, 1993

BATIFOULIER Christian et du PASQUIER Marie-Hélène, *Organiser sa documentation et savoir consulter d'autres sources*
Éditions du CFPJ, Paris, 1993

Abrégé du Code typographique à l'usage de la presse
Éditions du CFPJ, Paris, 1991

Lexique des termes de presse
Éditions du CFPJ, Paris, 1991

Enfin, on relira avec intérêt et profit les œuvres des grands humoristes, pamphlétaires et polémistes : Rochefort, Pouget, Bloy, Daudet, Bernanos, Jeanson, etc. Et plus récemment François Mauriac dont le *Bloc-Notes* vient d'être réédité (Le Seuil, coll. « Points-Essais », 5 volumes, Paris, 1993).

Maquette de couverture : Dominique Gurdjian
Réalisation de la maquette : M. Berton (IES)

Imprimerie France Quercy - Cahors
Dépôt légal 1er trimestre 1994

Première édition : 3 000 exemplaires